리콴유

작지만 강한 싱가포르 건설을 위해

차례
Contents

03프롤로그 12광둥에서 온 하카 21황무지에 홀로 서다 34인재 양성에 국운을 걸다 44제3세계에서 제1세계의 오아시스를 창조하라 59실리와 원칙, 약소국 외교의 본보기가 되다 73싱가포르 경제, 거침없이 달리다 85에필로그

프롤로그

　한 인간이 받을 수 있는 최고의 찬사는 '시대를 만든 인물'이라는 평가다. 리콴유(李光耀, 1923~2015) 전 싱가포르 총리는 동갑내기 헨리 키신저Henry Kissinger로부터 이와 같은 극찬을 받았다. "시대가 인물을 만드느냐, 아니면 인물이 시대를 만드느냐 하는 오래된 논쟁에서 리콴유는 후자가 옳았다는 사실을 증명했다"고 했다. 국제 정치학계의 석학이자 미국 국무장관을 역임한 키신저의 평가가 범상치 않다.
　지금의 싱가포르는 누가 뭐래도 세계 초일류 국가이다. 경제지표를 봐도, 길거리를 돌아다녀봐도 그렇다. 싱가포르 앞바다는 세계 곳곳에서 몰려온 선박으로 빼곡하다. 창이공항은 세계의 관문이라고 할 만큼 뜨고 내리는 항공기로 가득하다.

타의 추종을 불허하는 성장세도 전혀 흐트러짐이 없다. 깨끗한 길거리를 활보하는 싱가포르 사람들의 미소에는 여유로움이 묻어난다. 싱가포르라는 국가는 자연스레 전 세계인에게 상큼한 느낌을 주는 명품 브랜드가 되었다.

지금이야 그 영예를 브릭스BRICS라 부르는 브라질, 러시아, 인도 그리고 중국에 넘겨주었지만 한때 아시아의 '네 마리 용'이 세계 경제를 앞서 이끌었던 시절이 있었다. 싱가포르를 비롯해 한국과 타이완 그리고 홍콩이 그 주인공이다. 그중에서도 양적 성장뿐만 아니라 질적 성장을 도모해 두 마리 토끼를 다 잡은 곳은 단연 싱가포르이다. 한국과 타이완은 압축 성장에는 성공했지만 정치 리더십의 불안으로 주춤하고 있다.

싱가포르의 가능성은 지표만 봐도 확인할 수 있다. 스위스 국제경영개발원(IMD)이 경제성, 정부 효율성, 경영 효율성, 사회간접자본 등의 지표를 통해 측정하는 국가 경쟁력 순위에서 싱가포르는 1994년 이후 늘 세계 2위에 올라 있다. 싱가포르보다 더 국가 경쟁력이 강한 나라는 세계 초강대국인 미국뿐이다. 국제투명성기구(TI)에서 발표하는 부패지수 조사에서는 아시아 국가로서는 유일하게 5위권 안에 든다. 전 세계에서도 손꼽힐 정도로 부정부패가 없다. 싱가포르는 양적 성장을 넘어 초일류 국가로 진입한 것이다.

그런데도 싱가포르는 긴장을 늦추는 법이 없다. 현역에서 물러나 한가하게 은퇴 생활을 즐길 때가 훨씬 지난 리콴유는 싱가포르를 더욱 발전시키려는 일념으로 고삐를 늦추지 않는다. 그는 2007년 2월 23일 연례 신년 만찬회에서 "싱가포르는 제1세계의 하층부에 올라왔지만 앞으로 10~20년 안에 세계 최상층부(top half of the First World)로 진입해야 한다"고 선언했다. 과감한 개방, 삶의 질 개선 그리고 최고의 거주 환경과 자녀 교육 구조를 제공해 최고급 선진 인력을 끌어들여야 달성할 수 있다는 것이다.

더욱이 세계 일류 도시의 가장 좋은 점들을 흡수해 싱가포르의 모습을 획기적으로 탈바꿈시켜 비즈니스와 문화의 중심일 뿐 아니라 밤에도 활력이 넘치는 녹색 청정 도시를 만들자는 '전망'을 제시했다. 그렇지 않아도 싱가포르 정부는 이미 리콴유가 총리직을 떠난 뒤인 1990년대에 선진국 진입을 목표로 하는 산업 구조 고도화와 경제 혁신을 국가 목표로 삼고 달려왔다. '달리는 말에 채찍'을 더욱 가해 정부와 국민 모두가 더욱 분발하도록 만들겠다는 리콴유 스타일의 표현이라고 할 수 있다.

사실 싱가포르가 걸음마를 시작한 1965년과 지금을 비교해 보면 리콴유의 리더십이 어떤 것인지 쉽게 짐작할 수 있다. 싱가포르가 가진 유일한 장점은 바닷길의 중심이라는 것뿐이었다. 무역의 중심지이니 돈이 움직였고 돈이 있으니 사람들이 북적댔다. 하지만 모여드는 사람들은 모두 돈을 찾아온 외지인들이 대부분이었다. 국가를 세우기에 최소한의 정체성도 존재하지 않았던 곳이 바로 싱가포르였다. 우리처럼 단일민족이니 반만년의 역사니 하는 민족과 역사의 상징성은 그야말로 딴 나라 얘기였다.

게다가 싱가포르에서 가장 많은 종족인 화교들마저 중국 본토를 차지한 공산 세력과 타이완을 중심으로 한 국민당 세력의 경쟁 표적이 되었다. 자신의 뿌리나 연계 고리에 따라 사분오열되었던 것이다. 싱가포르에는 중국인들만 있는 것이 아니었다. 말레이인, 인도인 그리고 유라시아 혼혈인도 적지 않았다. 세계적으로 냉전 시기였으므로 공산주의자들의 침투는 싱가포르를 위협했다. 국민국가를 만들어 낼 수 있는 뿌리도 또 그 정체성도 없었을 뿐만 아니라 민족적 배경, 이데올로기적 성향에 따라 이리 갈라지고 저리 갈라진 나라가 바로 싱가포르였다.

또한 국제 정세도 싱가포르에 호의적이지 않았다. 한때 같은 연방의 구성원이었지만 싱가포르를 연방에서 축출한 뒤 여차하면 다시 집어삼킬 의도를 가지고 있는 말레이시아의 야심, 그 아래에 엄청난 자원과 무력을 가진 인도네시아도 호락호락하지 않았다. 게다가 생존에 필수적인 식수마저 말레이시아에서 사 먹어야 할 정도로 자원이 없었다.

싱가포르가 1965년에 독립국가로 첫 출범했을 때 국민 경제라는 것도 따지고 보면 영국 해군기지에 빌붙어 먹고사는 격이었다. 전체 국민의 10퍼센트가 영국 해군기지 연관 산업에 고용되어 있었고 거기서 싱가포르 전체 국민소득의 23퍼센트가 나왔다. 국민 대부분은 영국 해군이 없다면 싱가포르 경제가 완전히 무너질 것이라고 생각했다. 1965년 8월 22일자 영국 「선데이타임스」는 "1억 파운드 이상의 경제 효과가 있는 영국군 기지가 폐쇄된다면 싱가포르 경제는 곧 무너지게 될 것이다"라고 보도할 정도였다. 결국 1971년 영국은 싱가포르에서 해군기지를 철수했다.

고립무원의 싱가포르가 가진 자원이 딱 하나 있었다. 바로 탁월한 정치 리더십이었다. 리콴유와 그의 동료들은 생존 차원에서 계획을 세웠고, 또 국민 앞에서 솔선수범했다. 그리고 마침내 세계의 표본이 될 만한 위대한 국가를 만들어냈다. 그래서 붙인 리콴유의 별명이 '작은 나라의 위대한 거인'이다. 결코 그에 대한 존경심에서 듣기 좋으라고 한 말이 아니다.

1980년대 후반에 미국 경제가 심하게 휘청거릴 때 이런 일이 있었다. 미국은 1988년 통상 보복을 골자로 한 슈퍼 301조를 발효했고, 이듬해부터 2년간 무자비하게 휘둘렀다. 종래의 통상법 301조와는 달리 미국 기업의 청원을 일방적으로 수용해서 다른 국가에 대해 막무가내식 보복 조치를 취하던 법이었다. 그래서 앞에 '슈퍼'라는 말까지 붙었다. 당시 한국을 비롯한 싱가포르 등 신흥 공업국들이 주로 희생양이 되었다. 그런데 싱가포르에 대한 미 의회 표결을 앞두고 하필 리콴유 총리가 미국을 방문하게 되었다. 물론 상하원 합동회의 연설 자리도 마련되었다.

그러자 미국 상하원 원내총무단이 안절부절못하며 머리를 맞댔다. 리콴유가 오는데 싱가포르 보복 법안을 통과시키는 것이 예의가 아니라는 의견이 지배적이었다. 결국 콧대 높은 줄 모르던 미국 상하원마저 표결 일정을 그의 방미 일정이 끝나는 시점으로 미루었다. 그 이유는 간단명료했다. 리콴유 총리에 대해 미국 상하원이 예우를 갖추기 위해서였다. 당시 미국의 유력 언론들은 미 의회가 서슬 퍼런 법안을 막무가내로 휘둘러 왔으나 '작은 나라의 위대한 거인'의 위세에 눌려 머리를 숙였다고 보도했다.

그렇다면 왜 미국 의회가 이런 결정을 내렸을까? 그것은 미국 의원들이 거의 대부분 정치 지도자로서 리콴유가 가진 위대함을 존경했기 때문이다. 같은 정치인으로서 당대에 그토록 빛나는 업적을 이룬 사람을 미국에 불러놓고 결례를 범하는 게 예의가 아니라는 공감대가 형성된 것이다.

리콴유가 성공할 수 있었던 요인은 여러 가지이다. 케임브리지 대학에서 수석을 할 정도의 뛰어난 머리도 있었지만 그 비결은 정작 따로 있다. 그 첫째 비결은 국가에 대한 헌신과 진정성이다. 그의 일생은 작은 섬나라 싱가포르의 생존을 위한 외길 투쟁이었으며, 권력을 행사할 때는 한 치의 잘못도 용납하지 않았다.

둘째 비결은 국가의 발전과 이익을 위해서라면 그 누구에게서도 거리낌 없이 배우는 실용주의 정신이다. 싱가포르를 점령한 일본군에게서조차 배울 게 있다면 당당히 배웠으며, 도움이 된다면 싱가포르 정책에 반영하기도 했다. 이데올로기나 민족주의 따위도 싱가포르에서는 발붙일 곳이 없다. 또 싱가포르에서는 능력만 있다면 내국인, 외국인을 가리지 않는다.

능력 있는 다른 국가의 젊은이들을 유치하려는 노력은 지금도 계속되고 있다. 리콴유의 후계자들은 선진국을 방문할 때 **빼놓지** 않고 그곳의 명문 대학을 방문해 싱가포르에 와서 일할 것을 호소한다.

셋째 비결은 안정을 추구하기보다는 변화와 진보를 선택하는 모험 정신이다. 리콴유는 권력자이면서 변화와 모험을 통해 싱가포르를 더욱 살기 좋은 나라로 발전시키려 했고, 국민들도 자신을 따라 같이 노력해줄 것을 끊임없이 부탁하면서 이끌었다. 권력에 도취해 권력 행사에만 관심이 있었다면 불가능한 일이었다. 정치제도만 따져 본다면 리콴유의 1인 독재 체제가 분명했지만 그 자신이 변화의 중심이 되었고 결국 싱가포르를 변화시킬 수 있는 원동력이었다.

넷째 비결은 한번 세운 원칙은 어떤 난관이 있어도 지켜냈다는 점이다. 정치 후진국일수록 국가가 세운 원칙이 너무도 쉽게 권력자들의 손에서 무너진다. 싱가포르에서 세운 원칙은 위로는 국가수반부터 아래로는 국민 개인에 이르기까지 동등하게 적용되었다. 싱가포르를 방문하는 외국인도 예외가 아니다. 다른 나라에서 비인도적이라는 비난이 쏟아져도, 상대가 아무리 강대국이라도 싱가포르에서는 싱가포르의 원칙을 지켜야만 하는 관행을 만들었다.

마지막 비결은 능력주의와 업적주의다. 자신의 능력을 입증하지 못하면 그에 상응하는 대우를 받아야 한다는 것이다. 능력이 떨어지는 사람까지 '단결과 투쟁'으로 지켜내려 하는 노조운동이 싱가포르에서는 발붙일 수도 없다. 싱가포르 교육제도는 잔인하리만큼 어릴 때부터 능력에 따라 인재를 걸러 낸다. 학업 능력이 떨어지는 사람을 걸러내는 것은 사회에서 격리해 '왕따'시키는 게 아니라 개인의 능력과 적성에 맞는 직업을 국가에서 일일이 찾아 주려는 노력의 일환이다. 싱가포르에서는 그 누구도 쓸모없는 일을 하는 사람이 없어야 한다는 것이 한결 같은 정부의 원칙이다.

물론 싱가포르는 여러 관점에서 비판의 대상이기도 하다. 권위주의 체제로 일관하는 것과 야당은 거의 존재감도 없는 상태로 여당인 인민행동당(PAP)의 독주가 계속되고 있기 때문이다. 또한 싱가포르는 개인보다 국가의 존립을 더욱 중요시하는 이른바 싱가포르식 '사회민주주의'를 국가의 원리로 삼고 있기도 하다. 정부가 나서서 국민이 껌 씹는 행위까지 간섭을 하다가 아예 싱가포르에서 껌 판매를 중단하는 조치까지 취했다. 국민을 '아이 취급'하며 개인 생활까지 간섭하려 한다는 비난을 받기도 한다. 국가 이익이나 공공질서를 최우선에 두는 관행은 결과적으로 언론의 자유마저 심각하게 위협한다는 것도 마찬가지다.

세상에는 완전함이란 있을 수 없다. 인간 자체가 불안정한 존재이기 때문이다. 리콴유의 싱가포르 역시 많은 문제를 가지고 있다. 그런데도 국가의 가장 기본 소임이라 할 국민의 생존과 안전, 그리고 세계적 수준의 생활을 국민들이 누릴 수 있는 체제를 확립했다.

리콴유의 아들인 리셴룽(李顯龍) 총리가 대권을 이어받았어도 싱가포르 사람들의 입장은 확연하다. 리콴유의 아들이어서가 아니라 능력이 있기 때문에 총리가 될 수 있었다는 시각이다. 「월스트리트저널」이 지적했듯이 싱가포르 국민은 '삶의 질을 올려 주면 계속 권력을 보장해 주겠다'는 일종의 거래를 통치자와 하고 있는 것 같다. 국회에서 여당과 야당이 민의를 활발히 논의하는 민주주의도 중요하지만 오히려 각 개인이 누릴 삶의 질이 더 중요하다는 인식이다.

싱가포르가 발전해 온 과정도 괄목할 만하지만 우리를 더욱 놀라게 하는 것은 따로 있다. 싱가포르는 화려한 과거에 연연하지 않고 21세기 초일류 국가를 향해 더욱 신발 끈을 조여 매고 있다. 싱가포르는 처음 출발할 때에는 남중국해의 거친 파도에 떠 있는 조각배에 불과했다. 그런데 지금은 세계에서 손꼽히는 최첨단 장비를 갖춘 초호화 여객선이 되었다. 그것은 운도 누구의 도움 때문도 아니다. 싱가포르 국민들 모두 스스로 만들어 낸 꿈과 눈물과 노력의 결정판이다. 그 선장이 바로 리콴유이다.

광둥에서 온 하카

싱가포르는 말레이반도 끝자락에 붙어 있는 작은 섬이다. 마름모 모양의 싱가포르섬(면적 544km²)과 60개의 작은 섬들로 이루어져 있다. 싱가포르의 전체 국토 면적은 685km²로 서울(605.5km²)보다 조금 넓다. 그것도 그나마 조그만 섬을 다 이어 붙여 나온 수치이다. 나라가 좁다 보니 나라 이름과 수도가 같다. 한 도시가 국가이니 도시국가라는 말이 딱 들어맞는다.

싱가포르는 말레이 반도와 도로, 철도로 연결되어 있다. 남서쪽에는 말라카 해협을 두고 인도네시아의 수마트라와 마주보고 있다. 지도를 놓고 보면 남중국해 뱃길이 지나는 중심에 자리 잡고 있다. 이 길을 통해 유럽인들이 중국과 일본으로 갔다. 싱가포르가 관심의 대상이 된 깃은 아무래도 영국이 진출하면서부터다. 영국은 1826년에 싱가포르를 해협식민지(the strait settlements)로 손에 넣었다. 나중에 영국 동인도회사, 영국령 인도정청(British India)을 거쳐 1867년에 영국 직할 식민지가 되었다.

영국이 싱가포르에 진출한 이후 싱가포르는 아시아의 물건이 유럽으로 수출되는 전진 기지가 되었고 자유무역항 역할을 하기 시작했다. 물건이 거래되고 돈이 모이자 마치 블랙홀처럼 사람들을 빨아들였다. 1819년 싱가포르 인구는 1,000명 수준이었다고 한다. 그런데 영국의 해협식민지가 되면서 기하급수로 늘어나 1840년 인구는 3만 5,000명에 달했다. 겨우 30년 만에 35배나 늘어난 것이다. 1860년대에는 8만 명, 1901년에는 23만 명으로 늘어났다.

영국 식민지가 되면서 영국 해군이나 그 가족들, 그리고 제국주의의 첨병인 무역 위탁 회사들이 속속 진출했다. 중국에서도 내로라하는 장사치들이 무역을 하러 싱가포르로 들어왔다. 그러다 1840년대에 말레이 반도를 중심으로 주석 광산이 개발되어 주석이 활발하게 수출되자 이번에는 노동력을 파는 사람들이 몰려들었다. 그러니 인종 전시장을 방불할 만큼 인종도 다양해질 수밖에 없었다.

영국은 식민지 경영이나 수탈 과정에서 셈이 밝은 중국인들을 선호했다. 그들은 명성에 걸맞게 실적을 올려 영국인들의 탄성을 자아내게 한 식민지 경영의 1등 공신이었다. 중국 본토의 거상巨商들이 진출하기도 했지만, 싱가포르에서 알토

란처럼 재산을 늘려 부자가 된 이들도 적지 않았다. 이들은 싱가포르에 뿌리를 내린 거상을 제외하고는 돈만 벌면 중국으로 돌아가려는 사람들이 대부분이었다.

이들을 중국에서는 하카(客家)라고 부른다고 한다. 말 그대로 집에서부터 멀리 떨어져 나왔다는 뜻이니 이주민이란 뜻이다. 물론 하카 중에는 19세기 이후 중국 대륙의 정치적 불안정이나 자연재해로 고향을 떠나온 사람도 적지 않았다. 리콴유의 집안도 본래 광둥(廣東) 출신 하카이다. 그의 증조부인 리복분은 1870년에 싱가포르로 이주해서 돈도 꽤 벌었다고 한다. 그는 싱가포르에서 자신보다 먼저 중국을 떠나 이곳에 정착한 세우 후안 네오와 혼인을 하고 아들도 낳았다. 그는 1882년에 부인과 자식을 싱가포르에 놔둔 채 고향으로 돌아갔다. 그는 고향에서 다시 재혼했고 풍요로운 삶을 누렸다고 한다. 리콴유는 지금도 한족이 지배하던 명나라의 추억에 젖어 명나라 관복을 입고 있었던 리복분의 초상화를 가지고 있다고 한다.

싱가포르에 남은 아들 이름이 리 훈 레옹인데, 그가 바로 리콴유의 할아버지이다. 그는 리콴유에게 가장 많은 영향을 준 인물이기도 하다. 1871년 싱가포르에서 태어난 리 훈 레옹은 영국식 언어와 예절에 익숙해서 실제로는 영국인의 기질을 다분히 가진 사람이었다. 그는 싱가포르와 인도네시아(당시에는 네덜란드령 동인도)를 왕래하는 국제 증기선의 사무장이었다. 영국인들이 주 고객이다 보니 사고방식이나 생활 자체가 영국식이었고 집안에서 쓰는 언어도 점차 영어가 되었다.

리콴유의 인생 스승은 할아버지

리콴유는 자서전 『싱가포르 스토리 Singapore Story』에서 할아버지는 영국 선원들의 규율, 강인함, 효율성에 깊은 인상을 받아 문화적으로는 사실상 영국인이었다는 점을 밝힌 바 있다. 리훈 레옹은 코 리엠 니오라는 여성을 만나 1899년에 결혼해서 1903년에 아들을 낳았다. 그가 바로 리콴유의 아버지 리친쿤(李進坤)이다.

리콴유는 아버지에게서 거의 영향을 받지 않은 것으로 보인다. 그의 자서전을 샅샅이 뒤져봐도 아버지 얘기는 거의 없고 할아버지 얘기만 가득하다. 그저 부잣집 아들로 태어나 유복한 일생을 보낸 인물이 바로 그의 아버지였기 때문이다. 리친쿤이 20세, 어머니 추아 짐녜오(蔡人孃)가 16세 때인 1923년에 리콴유가 태어났다.

리친쿤은 석유 회사에 오랫동안 근무하다 은퇴한 뒤 시계점과 보석상을 경영했는데, 아들이 싱가포르 최고의 권력자였어도 전혀 특권을 누리지 않고 일반 소시민과 똑같은 생활방식을 고집한 것으로도 유명하다. 리콴유의 어머니는 요리 전문가로 명성을 날리기도 했다고 한다.

1927년부터 세계를 강타한 세계 대공황을 싱가포르도 피해갈 수 없었다. 항구가 마비될 정도로 치명적인 타격을 주었고, 리콴유 집안도 깊은 시름에 잠겨 있었다. 이때 리콴유의 외할아버지인 추아 킴 텡이 경제적으로 많은 도움을 주었다고 리콴유는 회고한 바 있다. 외할아버지 역시 싱가포르에서 사업을 벌이고 있었던 거상이었다.

리콴유는 격변기를 살면서도 수재답게 학업에서 뛰어난 실력을 과시했다. 1935년 중등학교 입학시험에서 싱가포르 지역 1위를 차지해서 최고의 명문인 래플스에 입학했다. 1940년 졸업시험에서는 싱가포르 및 말레이시아 전체를 통틀어 수석을 차지했다. 이런 자산이 나중에 그가 영국의 케임브리지 대학에 가서 공부하고 또 우수한 성적으로 졸업하게 된 기반이 되었다.

정치에 눈뜨게 한 일본 식민 정책

유복한 집안 덕택에 전형적 엘리트의 길을 따라가던 리콴유가 정치에 눈뜨게 된 계기는 일본 제국주의의 싱가포르 침공이었다. 1941년 12월에 일본은 싱가포르로 밀고 들어왔으며, 결코 해가 지지 않는 무적함대의 나라라고 믿었던 영국군이 쫓겨나고 말았다. 영국의 불패 신화에 젖어 일생을 보낸 할아버지는 그 충격으로 끝내 죽고 말았다. 본래 셸Shell 석유 회사에서 일했던 아버지는 그 '전공'을 인정받아 간신히 일본 점령군 행정청의 연료 보급 담당으로 일하며 가족을 먹여 살렸다.

리콴유는 아버지의 소개로 '시모와 상사'라는 일본 기업에서 일하며 일본어를 배웠다. 그러던 중 일본군 보도 담당 부서에서 영어를 잘하는 사람을 모집했는데, 리콴유가 지원해 일본군 밑으로 들어갔다. 이곳에서는 전 세계 전쟁 소식 등을 제일 먼저 알 수 있었다. 리콴유는 먹고살기 위해 암시장 브로커로 활동하면서 고무나무를 이용해 고무풀을 만들어 파는 사업을 시작하는 수완도 발휘했다.

리콴유는 일본 식민지 시절을 통해 정치인에게 필요한 가장 값진 경험을 했다. 우선 권력의 중요성에 대해 깊이 인식하게 되었다. 그는 자서전에서 "정부의 절대적 필요성, 그리고 권력이야말로 혁명적인 변화를 주도할 수 있는 가장 효과 있는 수단이라는 것이 내가 점령 시절을 겪지 못했더라면 절대로 이해할 수 없었을 것이다"라고 말할 정도다.

리콴유의 실용주의적 기질은 일본 식민지 시절에 익혔다. 그것은 주어진 상황에서 최선의 선택을 하는 것이며, 필요하다면 누구에게서나 배워서 자기 것으로 만든다는 태도이다. 때로는 실용주의가 '철학 없는 철학'으로 비치지만 맹수들이 우글거리는 정글 같은 곳에서 생존해야 하는 작은 나라 싱가포르 입장에서는 당연한 것이다.

리콴유가 일본 점령기 시절 배운 교훈 가운데 싱가포르에 그대로 적용된 사례는 아무래도 엄벌주의 법 집행이라고 할 수 있다. 외국인들은 싱가포르를 좋은 나라(fine country)라고 부르지만 실제로 그 의미는 '벌금(fine)의 나라'라고 조롱하는 뜻이 담겨 있다. 화장실에서 물을 내리지 않거나 침을 뱉어도 벌금을 물어야 한다. 물론 콘도미니엄에서 모기에 물리면 관리를 잘못했다고 해서 손님이 배상을 받기도 한다.

리콴유는 일본의 잔악한 점령 정치를 비난하기는 했지만 그 와중에서도 일본을 배웠고 이를 자신의 회고록에 당당히 기록까지 해두었다. 생존을 위해서는 누구에게서라도 배워야 한다는 정신, 그리고 그 결정이 옳았음을 당당하게 밝힐 수 있는 자신감이야말로 리콴유 정치 리더십의 핵심 중 하나이다.

또한 회고록에 이런 사실이 기록되어 있다. 전쟁이 막바지로 치닫던 1944년 하반기에 싱가포르에서도 굶주림이 극에 달했다. 그런데 오히려 범죄 행위는 먹고살 만할 때보다 줄었다. 그 까닭은 일본군의 형벌이 너무도 가혹했기 때문이다. 리콴유는 "나는 범죄를 감소시킨다는 이유로 오히려 범죄를 관대하게 처벌할 것을 주장하는 사람을 이해할 수 없다. 내가 일본군 점령 시절과 그 이후의 싱가포르에서 겪은 일들은 그들의 주장과는 정반대였다"고 자신만만하게 밝혔다.

리콴유가 일제 점령 시대를 통해 권력의 속성을 깨달았다면, 영국 유학 이후 변호사 생활은 부잣집 아들이면서 수재에 불과하던 리콴유를 정치인으로 만든 결정적 계기가 되었다. 그렇다면 케임브리지 대학 출신의 수재로 전형적인 엘리트의 길을 걸었던 그가 과연 어떤 경로로 정치에 입문하게 되었을까? 대개 변호사 출신들이 사람을 많이 접촉하다 보니 우연찮게 정치에 입문하는 경우가 많은데, 리콴유는 그런 점에서 대선배이면서 가장 성공한 경우다.

영국 유학을 마치고 변호사 자격증까지 딴 리콴유는 다시 싱가포르로 돌아왔다. 그는 영국인 변호사 존 레이콕의 사무실에 입사해 일을 시작하면서 싱가포르의 정치 현실에 눈을 떴다. 마침 레이콕이 식민지 의회 역할을 하던 입법의회 의원후보로 출마하자 본의 아니게 선거운동에 뛰어들 수밖에 없었다.

이듬해 그는 인생의 전기를 맞게 된다. 당시 집배원 및 전화교환수 노조가 영국 식민 정부와 임금 협상을 하고 있었는데 진전이 없자 '새내기 천재 리콴유 변호사'에게 부탁하러 온 것이다. 리콴유는 협상을 진행하면서 때로는 파업 지도자 역할을 도맡아 하기도 했다. 그가 가진 원칙은 합법적인 테두리를 결코 벗어나지 않으면서도 협상력을 가장 높이 끌어올리는 것이었다. 그는 영국인 지배 계층의 불안감을 조성하지 않으면서도 노조의 이익을 극대화하는 전략을 구사했다.

리콴유는 인종도 배경도 각양각색인 노동자들을 설득하고, 또 식민 정부의 영국 관리와 쉴 새 없이 협상을 중재하면서 그 자신이 분쟁을 조정하는 달인이 되어갔다. 결국 이 사건은 잘 해결되었고 리콴유는 졸지에 전국적 지명도를 얻게 되었다. 각급 노조 및 시민단체의 법률 자문 요청이 봇물을 이루었고, 영국인들도 리콴유의 잠재력에 주목하기 시작했다.

리콴유는 이 과정에서 싱가포르의 문제점을 깨닫게 되었다. 당시 권력은 식민 정부의 총독과 부총독 그리고 법무장관이 다 가지고 있었다. 리콴유는 정부 구역 관사에서 총독이 가장 큰 집, 부총독이 그 다음 큰 집, 그리고 법무장관이 셋째로 큰 집을 소유하고 있다는 점을 지적했다. 리콴유는 식민 정부가 일반 민중과 너무 괴리되어 있다는 사실을 처절하게 깨달았다.

리콴유는 이런 문제의식을 갖고 1954년 10월에 인민행동당(PAP)을 창당했다. 영어 사용자, 중국계 및 말레이시아계 국민의 지지를 받겠다는 목표를 세웠다. 이듬해 4월 2일에 실시된 선거에서 리콴유는 명성에 걸맞게 싱가포르에서 최다 득표수를 얻어 당선되었다. 이후 그는 합법의 테두리 안에서 식민 정부와 투쟁했으며, 다른 한편으로는 싱가포르에서 점차 세력을 넓혀가던 공산 세력과 맞서 싸웠다.

영국은 1948년에 22명의 입법위원 중 최초로 5명을 직선제로 선출하게 하는 등 싱가포르 자치를 목표로 한 민주화 정책을 진행 중이었다. 1957년에 런던에서 개최된 헌법회의에서 원칙적으로 싱가포르의 국내 자치권을 완전히 허용하고 외교 및 국방 그리고 헌법 정지 등에 관한 권한만 영국 정부가 보유하도록 했다.

1959년 5월 30일에 실시된 선거는 입법의회 전원을 국민의 직접선거로 선출하고 자치 정부도 구성하기로 한 중대한 선거였다. 인민행동당의 온건·합리 노선은 싱가포르에서 점점 더 지지도를 넓혀갔다. 마침내 인민행동당은 총 43석 중 41석을 얻어 집권당이 되었고, 리콴유는 자치 정부의 수반인 총리가 되었다. 그의 나이 35세 때였다. 비록 자치라는 수식어가 앞에 붙어 영국의 간섭을 받긴 했지만 리콴유는 마침내 최고 권력자의 길에 들어섰다.

황무지에 홀로 서다

 초대 싱가포르 총리가 된 리콴유에게 가장 큰 난제는 싱가포르의 진로였다. 본래 식민 종주국이었던 영국은 말레이시아 중심의 말라야와 싱가포르를 분리하려는 구상을 해왔다. 당시 리콴유를 비롯한 인민행동당 수뇌부는 영국이 싱가포르를 분리해 영국의 항구 식민지로 만들지도 모른다는 의구심을 가지고 있었다.

 리콴유가 말레이시아 연방에 가입하는 것을 더욱 확실하게 만든 상황은 그 뿐만이 아니었다. 영국의 의지도 문제였지만 더더욱 힘든 문제는 싱가포르 안에서 공산권의 세력화가 두드러진 것이다. 당시 말레이시아는 강력한 반공주의를 내세우고 있었기 때문에 싱가포르가 말레이시아 연방에 참여하는 것은 연방과 싱가포르가 힘을 합쳐 공산주의와 싸울 수 있는 반공 연대가 될 것이 분명했다. 싱가포르 내 중국인을 중심으로 말레이시아 연방 가입을 반대하는 국내파의 움직임이 거세게 일어나고 있는 것도 결국 싱가포르 공산화의 전 단계라고 리콴유는 인식했다.

리콴유가 말레이시아 연방 가입을 선호하게 된 또 다른 이유는 경제 문제 때문이었다. 리콴유가 초대 자치 총리로 취임한 1959년 싱가포르의 실업률은 전체 인구의 13퍼센트에 달할 정도였다. 실업률이 높아지면서 파업과 폭동이 일상사가 되었다. 이를 타개하기 위해 1961년에 처음으로 공업개발 5개년 계획을 세웠으나 진척이 없었다. 시장 규모가 작아 내수로는 기업 채산성을 맞추기가 불가능했던 탓이다. 당연히 신생 싱가포르 입장에서는 시장이 필요했는데 리콴유는 바로 그곳이 말레이시아 본토라는 사실을 염두에 두고 있었다. 연방 가입으로 말레이시아라는 시장을 얻을 수 있다는 점은 꽤나 매력 있는 조건이었다.

기회이자 위기였던 말레이시아 연방 가입

연방 가입 문제는 리콴유의 입장에서도 정치권력을 회복할 계기가 될 수 있었다. 공산 세력의 확대로 리콴유의 인민행동당이 심각한 위기에 처해 있었기 때문이다. 1961년 4월 싱가포르 홍림지구 보궐선거는 향후 사태 전개의 분수령이 될 수 있었다. 리콴유의 인민행동당 후보는 이 선거에서 공산 계열의 후보에게 참패하고 말았다. 이는 곧 싱가포르의 공산화가 임박했다는 신호였다.

싱가포르 사태를 주의 깊게 관찰하고 있던 또 한 사람은 말레이시아 총리 라만Tunku Abdul Rahman이었다. 싱가포르 공산 세력의 승리를 계속 놔두면 결국 다음 차례는 말레이시아가 될 것이라는 불안이 엄습했던 것이다. 공산화의 도미노가 시작될 수도 있었다. 라만은 선거 직후인 5월 7일에 "조속한 시일 안에 말레이시아와 싱가포르, 사바Sabah와 사라와크Sarawak를 포함하는 연방을 구성하자"고 제의했다.

라만은 적어도 반공이라는 점에서 리콴유와 접점을 찾았지만 그에게는 다른 목적도 있었다. 사바와 사라와크 등 북北보르네오까지 연방 구성원으로 포함시킨 건 바로 연방의 주도권을 언제나 말레이시아인이 쥐어야 한다는 민족적 포부 때문이었다. 라만의 입장에서는 말레이시아가 주도하는 연방은 어떤 대가를 치르더라도 양보할 수 없는 대명제였고, 그것이 바로 사바와 사라와크를 포함하도록 만들었다.

리콴유는 보궐선거 실패와 당원 70퍼센트가 공산 세력으로 넘어가는 이중고를 겪고 있었지만 라만의 연방 제안에 힘입어 연방 가입 문제를 통해 기사회생하려는 배수진을 쳤다. 연방 가입안을 국민투표로 가결할 수만 있다면 강력한 반공 정책을 통해 공산 세력을 축출할 수 있을 뿐만 아니라 경제를 기사회생하게 만들 수 있는 배후 시장까지 확보할 수 있다는 계산이었다. 리콴유를 비롯한 싱가포르 자치 정부는 총력을 기울여 연방 가입의 당위성을 역설하는 등 국민투표에 전력했다. 결국 70퍼센트가 넘는 국민의 지지를 얻어 연방 가입안이 가결되었고 이는 리콴유의 정치적 승리로 굳어졌다.

물론 연방 가입 반대론자들은 리콴유 주도의 국민투표가 부정 선거라며 격렬히 반발했지만 리콴유는 '공산주의가 대중의 지지를 받는다'는 신화는 깨졌다며 연방 가입을 밀어붙였다. 이듬해 9월 16일에 말레이시아 연방이 출범했고 싱가포르는 연방의회 159석 중 15석을 할당받아 말레이시아 연방의 싱가포르 자치주로 새 출발을 했다. 영국의 해협식민지로 출범한 싱가포르가 마침내 140여 년 만에 영국 식민 지배 시대를 끝냈다.

더군다나 이 사건은 정치 위기에 빠져 있던 리콴유에게 새롭게 도약할 기회를 제공했다고 할 수 있다. 싱가포르는 연방 가입 선언 일주일 만에 주 의회 선거를 치렀는데, 선거 쟁점은 당연히 연방 가입의 당위성 여부였다. 리콴유의 인민행동당은 37석으로 공산 세력(13석)을 여유 있게 따돌렸고, 위기를 맞았던 정치력도 회복할 수 있었다.

말레이시아의 싱가포르 축출

그러나 연방 가입은 새로운 시련을 불러오기 시작했다. 연방과 모든 현안에서 충돌하기 시작한 것이다. 정책의 갈등도 있었지만 가장 근본적인 문제는 역시 말레이시아의 반(反)중국인 정서였다. 말레이시아는 자국 내 화교 문제를 껄끄럽게 생각해 왔는데 싱가포르 자치 정부는 중국계가 이끌고 있었다. 연방정부 입장에서 싱가포르의 리콴유는 말레이시아 소수 민족 문제의 대변인처럼 행동하는 것으로 보였고 결국 연방 자체의 안정성도 해칠 것이라고 생각했던 것이다.

싱가포르에서는 라만 총리가 이른바 '말레이시아인의 말레이시아(Malaysian Malaysia)'를 만든다는 노골적인 비난이 쏟아졌다. 라만의 입장에서는 말레이시아인의 지배적 위치는 협상 대상이 아니었다. 그런데 소수 민족들은 당연히 말레이시아인들과 동등한 대우를 요구할 수밖에 없었다. 그렇지 않다면 소수 민족들은 연방 안에서 아예 2등 시민으로 살아갈 수밖에 없었기 때문이다. 리콴유는 연방 안에서 소수 민족의 입장을 대변하는 지도자가 되어버렸다.

이와 같은 불협화음은 리콴유의 경제 전략마저 무력하게 만들었다. 사실 그가 연방 가입을 통해 노린 것은 말레이시아라는 거대한 시장이었다. 그런데 말레이시아 연방은 본토의 경제개발을 최우선으로 여겼기 때문에 시장을 개방해 달라는 싱가포르의 요구는 '쇠귀에 경 읽기'였다. 내 코가 석 자인데 왜 시장을 싱가포르에 개방하느냐는 것이었다.

설상가상으로 싱가포르가 말레이시아 본토에 이어 눈독을 들여온 인도네시아라는 거대한 시장마저 손에 쥔 모래처럼 다 빠져나가고 말았다. 연방 구성 과정에서 사바와 사라와크의

북보르네오 문제에 격렬하게 반발한 인도네시아는 이를 주권 침해로 간주해서 말레이시아와 싱가포르를 싸잡아 '영국의 앞잡이'라며 비난하기 시작했다. 그래서 나온 것이 인도네시아의 대결(Konfronsi)정책이었다. 말레이시아나 싱가포르와는 어떤 거래도 하지 않겠다는 속내였으므로 인도네시아 시장을 노리던 리콴유만 결국 '닭 쫓던 개' 꼴이 되어버렸다.

이후 싱가포르와 연방은 사사건건 대립하기 시작했다. 그 상징적 사건이 바로 1965년 7월에 열린 싱가포르 홍림지구 2차 보궐선거였다. 1961년 홍림지구 보궐선거가 연방 구성에 결정적 계기가 되었는데 이번에는 이 선거가 연방 분리의 결정적 계기가 된 것은 역사의 아이러니였다. 리콴유의 인민행동당이 다시 공산 계열과 맞붙게 되었는데, 반공으로 뭉친 연방 주도 세력인 말레이시아에서 이념적 색채마저 완전히 무시한 채 공산 계열의 후보를 노골적으로 지지했다. '적의 적은 친구'라는 등식이 현실로 나타났다.

양측 관계에 이상 조짐을 감지한 리콴유는 이 문제를 해결하고자 노심초사했다. 리콴유는 선거 얼마 뒤인 8월 7일에 콸라룸푸르를 방문했다. 양측의 갈등 관계를 어떻게든 봉합해 보려는 마지막 노력을 하기 위해서였다. 리콴유가 라만의 집무실을 방문했을 때 분위기가 이상했다. 라만은 냉랭한 표정만 지은 채 한마디도 하지 않았다. 그리고는 책상 서랍에서 편지 한 통을 꺼내 리콴유에게 내밀었다. 거기에는 이렇게 씌어 있었다.

"나는 우리의 친선과 말레이시아의 평화라는 궁극적인 목표를 위한 길은 싱가포르의 분리와 독립 외에는 없다는 것을 귀하에게 알리기 위해 이 글을 쓴다."

양측의 의견이 많이 달랐지만 설마 이렇게까지 되리라고는 리콴유 자신도 상상하지 못했다고 리콴유는 회고록에 기록했다. 표현은 분리와 독립이었지만 내용은 추방이었다. 핵심 이유는 말할 것도 없이 민족 문제였다. 라만 입장에서는 리콴유가 눈엣가시였고 결국 말레이시아인의 말레이시아를 위해 연방에서 축출한다는 극약 처방을 내놓은 것이다. 라만은 리콴유와 사전에 협의도 하지 않고 이틀 뒤인 8월 9일에 싱가포르의 연방 탈퇴를 전격 발표했다.

리콴유 입장에서는 엄청난 충격이었다. 아무런 준비도 없이 뒤통수를 맞은 것이다. 연방 탈퇴를 통고한 뒤 이틀 만에 벌어진 일이었다. 싱가포르는 국토도 좁은 데다 인구도 고작 백만 명에 불과했다. 그나마 중국계가 75.4퍼센트, 말레이계가 13.6퍼센트, 그리고 인도계가 8.6퍼센트로 인종 구성도 대단히 복잡했다. 가장 큰 문제는 국가로서의 생존 여부가 불투명했다는 점이다. 싱가포르는 야수가 우글거리는 정글에 내동댕이쳐진 어린아이였다. 말레이시아는 사사건건 연방정부를 골치 아프게 만드는 중국인 중심의 싱가포르를 좇아낸 뒤 싱가포르가 제풀에 지쳐 쓰러지면 그때 날름 삼킬지도 몰랐다.

007작전을 방불케 한 싱가포르군 창설

일이 이렇게 된 이상 리콴유 정부는 살기 위해 움직여야 했다. 내실은 차지하고라도 일단 명목으로라도 독립국가의 면모를 갖춰야 했다. 1965년 9월에 유엔에 가입했고, 10월에는 영연방 일원이 되었으며, 12월에는 헌법을 개정해 나라 이름을 싱가포르 공화국으로 고쳤다. 겉으로 보기에는 멀쩡한 독립국가였지만 내부는 그렇지 않았다.

가장 심각한 아킬레스건은 안전문제였다. 독립국가로서 스스로 방위할 수 있는 무력이라고는 경찰 일부뿐이었다. 더군다나 라만의 말레이시아는 연방 분리 조치를 통해 싱가포르를 무력으로 공격할 가능성을 열어놓고 있었다. 리콴유가 두 번째 자서전 『내가 걸어온 일류 국가의 길 *From Third World To First*』에서 "영연방 군대가 싱가포르에 있는 동안에는 말레이시아가 우리를 공격하지 않을 것"이라고 회고한 것만 봐도 말레이시아가 무력으로 공격할 가능성에 대해 싱가포르 지도자들이 얼마나 머리를 싸매고 고민했는지 알 수 있다.

리콴유를 비롯한 싱가포르 지도자들은 영국 해군기지가 해체될 경우 말레이시아군이 싱가포르를 침공할 가능성이 높다는 사실을 가장 우려했다. 더 큰 문제는 명목상 싱가포르가 독립한 이후에도 여전히 1000여 명 규모의 말레이시아 연방 소속 제1 보병연대와 제2 보병연대가 싱가포르에 머물러 있었다는 사실이다. 더군다나 연방군 구성을 보면, 말레이인이 70퍼센트였고 나머지가 싱가포르 출신이었다. 더군다나 지휘관들은 하나같이 말레이시아에게 직접 지시를 받는 말레이시아 출신 장교들이었다. 노골적으로 드러나 있는 '트로이의 목마'였다.

영국 정부도 1971년까지 싱가포르 주둔 영국군을 모두 철수할 예정임을 알려 왔다. 북쪽에는 말레이시아, 싱가포르에는 말레이시아 연방군이 존재하고 있고, 남쪽에는 1억도 넘는 인구를 가진 강력한 인도네시아가 호시탐탐 싱가포르를 노리고 있었다. 싱가포르를 지켜 줄 수 있는 유일한 군대인 영국군도 철수를 발표했기 때문에 싱가포르 입장에서 가장 시급한 지상 명령은 싱가포르 국군을 창설하는 것이었다.

리콴유 정부는 손이 닿는 모든 나라에 군 창설 지원을 긴급 요청했다. 영국 식민 정부의 자치 정부로 출발했고 이어 말레이시아 연방의 자치주로 이어졌기 때문에 군을 창설할 비법이 전혀 없었다. 실제로 연방에서 축출당한 싱가포르를 다른 나라가 돕기는 쉽지 않았다. 말레이시아나 인도네시아 모두 신생국이었지만 엄청난 부존자원을 가진 큰 나라에다 이슬람 성향이 강하다 보니 어느 국가도 쉽게 나서기가 쉽지 않았다. 싱가포르의 요청을 받은 거의 모든 국가들이 거절했다.

"하늘이 무너져도 솟아날 구멍이 있다"고 했는데 바로 싱가포르가 그랬다. 당시 지구상에서 싱가포르 입장을 동병상련으로 이해할 수 있는 유일한 나라가 바로 이스라엘이었다. 독립하자마자 주변 아랍국들과 전쟁에 들어갔던 이스라엘 입장에서는 역시 이슬람인 말레이시아와 인도네시아에 둘러싸여 살짝 건드려도 남중국해 바다 속으로 사라질 것만 같은 싱가포르의 입장을 충분히 이해할 수 있었던 것이다.

1965년 11월, 마침내 엘라자리Jak Ellazari 대령이 이끄는 이스라엘군 사절단이 싱가포르 땅을 밟았다. 연방에서 축출된 지 석 달을 공들여 마침내 이들을 싱가포르로 데려오는 데 성공했다. 리콴유 정부는 이 '작전'을 특급 기밀로 다루었다. 말레이시아가 알면 연방군이 트로이의 목마에서 뛰쳐나올 수도 있었다. 이슬람이라는 국제적 연대를 가지고 있던 말레이시아나 인도네시아 입장에서는 코앞에 이스라엘군이 헤집고 들어와 눈엣가시가 될지도 모를 싱가포르군 창설을 주도하는 것을 용인할 수 없었기 때문이다. 싱가포르 정부는 특히 이들의 신원이 노출되는 것을 꺼려했지만 혹시 노출이 되더라도 이들이 멕시코인이라는 장막을 쳐 두기까지 했다.

싱가포르는 건국 초기에 이스라엘과 공통점이 많았다. 실제로 1960년대 말 이스라엘을 이끌었던 골다 메이어Golda Meir 총리가 리콴유를 만나 "이스라엘이나 싱가포르 모두 실수할 여유가 없는 나라다"라고 했다. 실제로 모든 상황이 그랬다. 정치 리더십이 한 번이라도 실수하면 그것은 곧 파국이요 망국의 지름길이었을 정도였다.

국군 창설이 가시화되면서 리콴유는 군대의 운영 원칙을 정했다. 군대는 국가 통합의 상징이며 따라서 군에서는 누구나 평등한 대우를 받아야 한다는 원칙이었다. 이는 결국 싱가포르가 연방에서 축출되면서 비싼 수업료를 내고 알게 된 교훈이었다. 평등의 의미는 두 가지였다.

하나는, 싱가포르의 남자는 부모의 신분이나 지위에 관계없이 법 절차에 따라 군대에 갔다 와야 한다는 '국가병역제도'였다. 돈이 있으면 적당히 군대에서 빠질 수 있는 군대의 수준은 기대할 것이 없다. 싱가포르 군대는 복잡한 민족 구성과 존재조차 없었던 국가의 정체성을 만들 수 있는 '거대한 용광로'로 만든다는 것이 리콴유의 신념이었다.

이 때문에 군대 안에서 특정인의 사회적 배경이 절대 통하지 않게 만들었다. 리콴유는 "아버지가 장관이든 은행가든 교수든 아니면 노동자나 택시 운전사나 행상이든 군에서의 지위는 자신의 성취 여부에 달려 있다"는 점을 지켜야 할 마지노선으로 못 박았다. 이른바 '배경'으로 군대 안에서 입김을 행사하려는 시도를 처음부터 완전히 막아버린 것이다. 그는 "젊은이들에게는 통과의례가 되었고, 삶의 방식으로 자리 잡아 국민을 하나로 통일하는 데 도움이 되었다"고 나중에 평가했다.

다른 하나는, 모든 민족은 평등하며 어떤 종교도 군대 안에서 존중받아야 한다는 것이다. 리콴유는 "인종이나 언어, 종교와 상관없이 모든 이들이 더불어 살고 함께 일해야 한다. 이슬람교와 힌두교도의 음식물에 대한 금기는 존중해야 하며, 불교, 이슬람교, 힌두교, 시크교에서부터 기독교와 조로아스터교에 이르기까지 모든 종교 의식 역시 존중받아야 한다"고 못

박았다. 싱가포르 군대 안에서는 어떤 민족이건 그 배경 때문에 불이익을 받지 않았다. 또한 쇠고기를 금기시하는 힌두교도와 돼지고기를 먹을 수 없는 이슬람교도도 법의 보호를 받아 군 생활에 불편하지 않도록 했다. 특정 종교를 믿는 민족이라는 이유로 군대 안에서 차별을 할 수 없었을 뿐만 아니라 오히려 적극적으로 종교적 가르침을 지킬 수 있는 편의를 제도화했다.

민족 출신에 따라 다른 언어로 인해 의사소통 문제가 대두되면서 군 공식 용어로 영어를 채택했고 이는 결국 영어가 싱가포르의 공용어로 안착할 수 있는 기반이 되었다. 다양한 민족, 다양한 언어, 다양한 종교라는 싱가포르의 난맥상이 군 제도를 통해 융합하기 시작했고, 이 원칙이 싱가포르 국가 경영의 주요 원칙으로 확산되었다. 그리고 군대 안에서 승진 등도 모두 자신의 배경이 아니라 개인의 능력에 따르는 업적주의가 철저하게 자리 잡았다. 싱가포르 군대가 짧은 시간 안에 강력한 상징적 표상으로 등장하게 된 것이다.

결국 싱가포르 주둔 말레이시아 연방군은 2년이 더 지난 1967년 11월에 싱가포르에서 완전히 철수했다. 싱가포르 국군이 철통 같은 경비를 펼쳐 독립국 싱가포르의 초석이 된 것이다. 국내 치안을 담당하는 경찰도 이와 같은 방식으로 양성했으므로 리콴유 정부 입장에서는 독립을 위한 최소한의 안전장치를 만들어 놓을 수 있었다.

싱가포르군을 세계 최고의 엘리트로 만드는 작업도 이때 시작되었다. 우수한 지휘관 양성이야말로 강한 군대를 만들 수 있는 비결이었다. 리콴유는 군 건설 초기부터 영국의 옥스퍼드나 케임브리지 혹은 그에 준하는 명문 대학에서 공부할 수 있는 국군 장학금을 만들었다. 시험에 합격하기만 하면 이들 군인들은 전공에 관계없이 자신의 전문 분야에서 대학의 전 과정을 국가 장학금을 받아 유학할 수 있었다. 월급뿐만 아니라 학비, 생활비 등 일체를 지급해 주었다. 조건이 있다면 유학 이후 8년 동안 군에서 의무 복무를 해야 한다는 것이었다.

싱가포르 군대는 무조건 갔다 와야 하는 곳이기는 하지만 상상하기 힘든 특혜를 주었다. 따라서 군에서 능력만 발휘한다면 싱가포르에서 충분히 유능한 인재가 될 수 있었다. 그래서 싱가포르 정부는 의무 복무를 마친 군부 엘리트들을 정부 관료나 정부 산하 위원회에 우선적으로 임용함으로써 이들을 싱가포르 정부의 엘리트로 충원하기 시작했다. 이것은 군의 우수성도 높일 뿐만 아니라 싱가포르 인재 자원을 탄탄하게 만드는 효자 노릇을 했다.

인재 양성에 국운을 걸다

리콴유는 자원이 부족한 싱가포르에서는 오로지 사람만이 재산임을 일찍부터 알았다. 모든 일은 사람이 하는 법, 자연은 그저 풍족한 도움이 될 뿐이다. 그래서 리콴유는 세계 일류 국가가 되기 위해서는 세계 최고의 인재를 길러내고, 자체적으로 그런 역량이 없다면 세계 끝까지라도 가서 인재를 데려오려 했다. 능력만 있다면 성별과 국적은 아무 의미가 없는 나라가 바로 싱가포르이다.

싱가포르가 지금까지 줄기차게 발전을 이룩해왔고 앞으로도 그럴 수 있다는 전망을 가능하게 만든 것은 바로 뛰어난 인재를 확보하려는 열정이라고 볼 수 있다. 전 세계에서 싱가포르만큼 인재 양성과 유치에 힘을 쏟는 나라는 찾아보기 힘

들다. 리콴유 국가 경영 철학의 1번이라고 할 수 있는 인재 구하기는 계속 이어져 그 후계자들이 더욱 열을 올리고 있다.

싱가포르는 세계에서 가장 인구밀도가 높은 지역 중 한 곳이지만 여전히 인재를 구하러 다니고 있다. 싱가포르 정부는 2007년에도 대학 재학 이상 학력을 가진 다른 선진국 젊은이들에게는 무조건 6개월짜리 취업비자를 내주기로 결정했다. 해외 인재를 싱가포르로 끌어들이기 위한 파격적인 조치이다. 일단 일자리를 줄 테니 와서 일해보고 마음에 들면 계속 일하라는 자신감의 표현이다. 그 대상은 미국, 영국, 일본, 독일, 프랑스, 호주, 뉴질랜드, 홍콩 등 8개 국가이다. 게다가 리센룽 총리도 해외 방문길에 오르면 꼭 현지 대학에 들른다. 해외 인재들에게 싱가포르를 홍보하고 취업하러 오도록 권유하기 위해서다.

싱가포르의 인재 정책은 리콴유의 철학이 그대로 반영되어 있다. 인재에 관해서 리콴유는 그야말로 편집광처럼 집착했다. 싱가포르가 무에서 유를 창조할 수 있었던 것은 바로 인재 양성 덕이었다. 리콴유가 인재 양성에 어느 정도 집착했는지를 보여주는 극단적인 일화가 있다.

인재 찾기에 목숨을 걸다

리콴유는 1983년 8월 14일 독립기념일 연설에서 이런 말을 했다. "대졸 남성들이여, 자신보다 우수한 아이를 원한다면 자신보다 교육 수준이 낮은 아내를 고르는 어리석음을 범하지 말라!" 리콴유의 얘기는 결국 '대학이라도 나와야 제대로 된 인재를 낳을 수 있다'는 말로 받아들여졌다.

그러자 싱가포르에서 대학을 나오지 못한 여성들이 모두 일어섰다. "대학도 못 나온 여자가 낳은 아이는 쓸모없다는 얘기가 아닌가?"라며 시위와 집회를 통해 강력하게 항의했다. 이 소식이 전 세계에 알려지자 세계 여성계도 발칵 뒤집혔다. 시대에 맞지 않는 히틀러식의 인종차별적 발언이라는 비난이 쇄도했다. 아마 미국에서 대통령이 이 얘기를 했다면 탄핵되었을 수도 있다. 이 발언으로 이듬해 선거에서 집권 인민행동당의 득표율은 종전보다 12퍼센트나 떨어졌다.

리콴유는 자신의 두 번째 자서전인 『내가 걸어온 일류 국가의 길』에서 그 이유를 이렇게 해명하고 있다. 연설하기 얼마 전에 받은 인구 보고서에서 싱가포르의 똑똑한 여성들이 독신을 고집하는 경향이 빠르게 늘어났음을 알게 되었다고 한다. 싱가포르 대졸 인원의 50퍼센트가 여성이며 이들 중 3분의 2가 결혼하지 않는다는 사실이었다. 리콴유는 "싱가포르 남성이 자신보다 교육을 덜 받은 여성을 선호한다는 사실을 알고 충격을 주려고 했다"고 변명했다.

그런데 그 다음에 바로 자신의 '본색'을 드러냈다. "인격 형성의 80퍼센트는 타고나는 것이며 단지 20퍼센트만이 교육의 결과"라는 것이다. 처음부터 유전적으로 우수한 인재를 낳아야 하며 그 다음에 잘 교육해야 제대로 된 엘리트를 만들 수 있다는 것이다. 리콴유는 아예 한걸음 더 나아가 대졸 남녀 간의 교제를 성사시키는 국가기구까지 만들었다. 요즘 한국에도 많은 결혼정보회사를 국가기구로까지 설립한 것이다.

그뿐만이 아니다. 대졸 여성이 세 자녀를 낳았다면 이들은 모두 일류 학교 진학권을 부여받았다. 국내에서 충당이 안 되면 수입이라도 하겠다는 것이 리콴유의 생각이었다. 국적 취득제도를 개선해 엘리트 출신 외국인이 싱가포르인과 결혼해 쉽게 정착할 수 있도록 법률 지원까지 했다.

리콴유의 인재관은 싱가포르 교육제도를 통해 완벽하게 구현되었다. 싱가포르의 교육은 그야말로 적자생존의 법칙이 철저히 적용되는 업적주의를 기초로 하고 있다. 만약 싱가포르의 교육제도가 한국에 도입된다면 혁명이 일어나지 않을까 우려할 정도로 평등주의 교육과는 거리가 멀다. 철저히 능력에 따라 구분을 하고, 능력이 되지 않으면 어릴 때부터 아예 직업학교로 보낸다. 아이의 잠재력을 빼앗을 것이라는 우려와는 달리 그와 같은 방식이 결국 싱가포르를 1등 국가로 만들었다.

싱가포르 교육을 가만히 들여다보면 교육 당국이 얼마나 선구자의 지혜를 가지고 기민하게 움직이는지 탄성이 나올 정도이다. 예컨대 미국은 얼마 전부터 조기 교육의 중요성을 강조하고 있다. 대체로 초등학교에 가면 유치원(Kindergarten)이 있고, 이를 마치면 1학년에 들어가 5학년까지 6년간 초등교육을 받는다. 그런데 교육 당국이 나서 유치원에 앞서 프리스쿨Pre School 과정을 보내라고 광고하고 있다. 프리스쿨에 다닌 아이들이 나중에 좋은 인재가 될 수 있다는 것이다. 그런데 문제는 프리스쿨이 대체로 사립이기 때문에 공립과는 달리 비싼 등록금을 학부모가 부담해야 한다.

철저한 능력 위주의 교육제도

싱가포르는 리콴유의 인재 양성 프로그램을 반영해 조기 교육에 엄청난 역량을 집중하고 있다. 기본 교육이 거의 생후 6개월부터 시작되어 5세까지 진행된다. 3세까지는 보육이나 탁아의 개념이 강하지만 4세는 유치원 1년생, 5세는 유치원 2년생이다. 그리고 6세에 초등학교에 입학한다. 싱가포르 유아의 거의 대부분이 이 과정을 거친다고 한다.

싱가포르 유아 교육기관은 대부분 사립이다. 그런데 정부가 이들 사립 유아 교육기관의 운영비와 교육비의 대부분을 지원한다. 국가는 그 대가로 교육 내용을 철저히 관리하고 감독해 허술하게 운영하지 못하도록 한다. 유아 교육의 중심은 역시 언어 교육이다. 모든 과정에서는 영어가 중심이 되며, 민족 고유의 언어도 구사할 수 있어야 한다. 베이징을 중심으로 쓰이는 중국 표준어 만다린어를 비롯해 말레이인들이 쓰는 말레이어, 인도 출신들이 많이 쓰는 타밀어도 정규 수업에서 쓴다.

초등학교 때부터는 철저히 능력 중심이다. 교육에서 평등주의는 싱가포르에서는 아무리 눈을 씻고 찾아봐도 없다. 우수한 인력은 우수한 대로, 열등한 인력은 열등한 대로 어릴 때부터 철저히 가려서 자신에게 맞는 길로 가게 한다. 인력을 낭비하지 않기 위해서이다. 실력이 되든 되지 않든, 적성이 있든 없든 무조건 초등학교에서 고등학교 3학년까지 버티고 보는 한국식 교육의 낭비 요인을 다시 한번 생각하게 하는 대목이다.

싱가포르 교육은 모든 대상자에게 기회는 주지만 능력이나 노력에 따라 철저하게 결과를 묻는 업적주의이다. 싱가포르에서도 이와 관련한 문제 제기가 없지는 않았지만 리콴유 이래 싱가포르 지도자의 정책은 일관되게 진행되고 있다. 리센룽 총리는 "민중주의, 획일적 평등주의의 환상에 사로잡혀 엘리트 교육을 포기하고 교육의 평준화를 고집한다면 국가의 열등화와 사회의 하향평준화를 초래해 결국은 망국의 길로 접어들게 될 것"이라고 경고까지 하고 있다.

모든 교육에서는 '걸러 내기(streaming-out)'가 이루어진다. 초등학교는 기본 과정 4년과 적응 과정 2년으로 구분된다. 초등학생들은 4학년 말에 모두 국가시험을 치른다. 수학뿐 아니라 영어, 제2 외국어 등 이중 언어 능력을 가장 중요하게 본다. 특히 영어와 자신의 출신 종족어를 모국어 수준 이상으로 구사할 수 있어야 한다.

이 시험 결과에 따라 초등학생들을 모두 3등급으로 구분해 우열반 학급을 편성한다. 우선 상위 60퍼센트는 우수 학급으로 이동한다. 이들은 2년 뒤 졸업시험(PSLE)을 칠 수 있다. 여기에 합격해야 중학교에 진학할 수 있다.

중위 성적 20퍼센트의 학생들은 영어와 자신의 출신 종족어 구사 능력이 조금 부족한 그룹이다. 일단 이들도 2년 더 초등학교에 다니는데, 졸업시험 합격자에게는 중등학교 진학권을 주지만 여기에서 떨어지면 직업교육을 받기 위해 직업 훈련원으로 배치된다. 최하위권 20퍼센트에 들어가면 예외 없이 4년 더 초등학교에서 공부를 한 뒤 바로 직업 훈련원으로 가게 된다. 이 과정에서는 종족어가 중심이 된다.

물론 직업 훈련을 받는다고 해서 사회에서 왕따가 되거나 문제아로 찍히지는 않는다. 다양한 직업이 얼마나 중요한지 철저하게 교육을 받기 때문이다. 어떤 직종이든 그 사회에 가장 필요한 기능을 배운다. 그래서 싱가포르에서는 직업에 대한 윤리와 헌신이 가장 중요한 직업교육의 방침이기도 하다. 길거리에서 청소를 하든 신문 가판을 하든 모든 직종이 싱가포르 사회에 필요하다고 교육받기 때문에 당연히 이들도 자부심을 가지게 된다. 자신이 하는 일이 사회와 국가 발전에 꼭 필요하다고 인식하는 것이다.

중등교육 기간은 4년인데, 초등학교 졸업시험 성적에 따라 상위 성적 6퍼센트의 특별이중언어과정(SBC), 중위권 성적 60퍼센트의 신속이중언어과정(EBC), 나머지 하위 성적의 보통이중언어과정(NBC)으로 나뉘어 있다. 물론 학기마다 평가를 해서 성적이 올라가면 올라가는 대로, 내려가면 내려가는 대로 움직인다.

EBC 이상의 학생들은 졸업하면 중등학교 졸업자격시험(GCE O level)을 보지만, 하위권인 NBC 학생들은 중등학교 수료시험

(GCE N level)을 본다. 이때 우수한 성적을 거둔 학생은 중등학교 5학년으로 진급하고, 이를 수료하면 다시 보통 이상의 학생들이 이미 1년 전에 본 GCE O level 시험을 거쳐 상급학교에 진학할 기회를 얻는다. 일종의 패자부활전이다. 그러나 이 시험 성적이 신통치 않으면 다시 직업 훈련원으로 진로를 바꿔야 한다.

싱가포르 고등교육도 역시 같은 형태이다. 중등학교 졸업시험(GCE O level)에서 좋은 성적을 올리면 2년제 주니어칼리지 Junior college로 가는데, 이는 일종의 대학입학 예비학교의 성격을 갖는다. 성적이 중간에 있는 계층은 3년제 전문 기술교육 기관인 폴리테크닉Polytechnic으로 간다.

고등교육 수료자는 졸업할 때 졸업자격시험(GCE A level)을 보는데, 성적이 우수하면 3년 내지 5년 과정(의과대학의 경우)의 대학에 진학한다. 싱가포르에는 국립 싱가포르대(SNU), 난양공대(NTU), 싱가포르 경영대(SMU) 그리고 국립교육원(NIE) 등 4개 대학이 있다. 싱가포르의 대학 수준이 세계적이라는 사실은 이미 잘 알려져 있다.

싱가포르의 대학 수준이 이렇듯 높은 까닭은 학생들을 어릴 때부터 걸러 낸 이유도 있지만, 싱가포르의 대학교수는 국적을 불문하고 실력이 있으면 모두 채용한다는 열린 정책 때문이다. 국립 싱가포르대는 이미 영연방 안에서 최고 수준인 영국의 옥스퍼드나 케임브리지 대학교, 그리고 호주국립대(ANU) 등과 거의 동급 또는 그 이상의 수준으로 평가받고 있다. 특히 2006

년 미국의 「뉴스위크」가 세계 글로벌 100대 대학을 선정했는데, 국립 싱가포르대가 36위, 난양공대는 71위에 올랐다. 아시아 지역에서는 일본의 4개 대학, 홍콩의 2개 대학이 포함되었지만 한국의 대학은 100위 안에 든 대학이 없다.

싱가포르의 교육은 철저한 성과주의이며 우열을 판별하는 구조이다. 인재는 계속 양성하고 적성이 맞지 않는 인력은 어릴 때부터 걸러 내기 시작해 적성에 맞는 직업을 계속 국가가 찾아주는 것이다. 이는 결국 싱가포르가 추구하는 사회민주주의의 이상에 가장 부합한 교육제도라고 할 수 있다. 교육을 통해 국민 개개인을 훌륭한 시민이자 쓸모있는 국민으로 육성해 국가 발전에 기꺼이 참여하도록 하고, 쓸모없는 국민은 단 한 사람도 없게 만들겠다는 전략이다.

21세기 들어 싱가포르 교육은 이제 창의성 교육에 목을 매고 있다. 리콴유의 후계자인 고척동(吳作棟) 총리는 2000년 8월 독립기념일 연설에서 "모든 싱가포르의 젊은이들은 혁명가나 반란자처럼 생각하고 행동하라! 이제 단순한 모방으로는 퇴조할 수밖에 없고 창의적인 교육 혁신을 통해 국가의 새로운 지평을 열어 나가야만 한다"고 강조했다. 물론 싱가포르는 1997년부터 '생각하는 학교(Thinking Schools)와 배우는 국민(Learning Nation)'이라는 구호를 내걸고 학업 성적보다는 문제 해결 능력과 사고력, 창의력 배양에 초점을 맞춘 교육 개혁을 추진해 왔는데, 아예 모든 국민들이 시대의 반란자처럼 행동하라는 극단적인 요구를 할 정도로 교육의 변화에 집중하고 있다.

이미 1999년부터 초등학교와 중등학교의 수업 시간을 전체적으로 10~30퍼센트 줄였다. 학생들은 수업을 마치고 미술, 음악, 체육 등 예체능 교과목과 야외 탐사, 작문, 사진 촬영 등 다양한 클럽 활동을 하고 있다. 또한 수업 방식도 외우기 중심의 일방적 주입 방식에서 문제를 해결하고 탐구하는 것을 중점으로 하는 그룹 중심 학습으로 바뀌고 있다.

싱가포르의 교육 개혁은 우리의 상상을 훨씬 넘어서고 있다. 2003년부터는 아예 싱가포르를 국제 교육 거점(Global School House)으로 삼겠다며 해외 유명 교육 기관을 유치해왔다. 미국의 MIT, 존스홉킨스, 와튼 스쿨, 독일의 뮌헨공대를 포함한 10여 개 대학이 싱가포르에서 분교를 운영하고 있다.

싱가포르 인력 정책의 특징은 정부나 군부 인사를 보면 확연히 드러난다. 20대 후반의 중앙부처 국장도 쉽게 찾아볼 수 있다. 능력만 검증되면 지위의 높고 낮음을 가리지 않고 등용한다. 또한 연공서열과 명령 체계가 일사불란한 군부도 마찬가지이다. 싱가포르 군부에서는 50대의 위관장교도 많지만 육군참모총장을 비롯한 군 수뇌부는 40대가 대부분이다. 이들은 타고난 능력을 바탕으로 군 장학금을 받아 세계의 명문대에서 유학한 실력파들이다. 업적주의를 지향하는 싱가포르에서는 충분히 가능한 일이다.

제3세계에서 제1세계의 오아시스를 창조하라

국가의 의무는 누가 뭐래도 국가 자체의 생존이다. 리콴유는 일생 동안 싱가포르의 생존을 위해 노력해왔다. 리콴유가 맞이한 1965년의 싱가포르 현실은 참담했다. 공산 계열의 정치 세력은 리콴유가 말레이시아 연방 가입과 탈퇴라는 실책을 범하자 이것을 구실로 세력을 확장하고 있었다. 싱가포르 성장의 토양이 될 수 있었던 말레이시아와 인도네시아는 시장 접근조차 금지당하고 말았다. 싱가포르 경제의 젖줄인 영국군도 철수를 앞두고 있었다.

국가의 목표는 생존 이상도 그 이하도 아니었다. 리콴유는 국민을 설득하고 국민을 이끌어 갈 수 있는 전략으로 '국가의 생존'을 내세웠다. 생존은 오로지 국가 이익과 공동선의 실현으로 달성될 수 있었다. 당연히 이 두 가지가 싱가포르의 국가 목표가 되었다.

그것이 바로 싱가포르 스타일의 '사회민주주의'였다. 싱가포르의 사회민주주의는 사회주의와 민주주의가 절묘하게 섞여 있다. 토지공개념을 포함한 사회주의 요소가 아주 강하지만 사유재산이 인정된다. 가장 큰 특징은 개인보다는 국가 이익과 공동선을 유지하는 데에 더 큰 노력을 기울인다는 점이다. 따라서 민주주의는 공동선을 실현하기 위한 수단일 뿐이다. 민주주의와 공동선의 이해관계가 부딪힌다면 당연히 민주주의를 고쳐 나갈 필요가 있다는 것이다. 인민행동당은 바로 사회민주주의를 현실에서 실현하는 정당이다.

싱가포르의 이데올로기인 사회민주주의

리콴유는 이를 토대로 경제 문제를 해결하기 위한 거대한 전망을 제시했는데, 이것 역시 이스라엘에서 벤치마킹했다. 이스라엘은 주변 아랍 국가와 적대적인 전쟁을 계속해온 터라 주변 국가와 교역을 할 수 없었다. 서로 죽고 죽이는 마당에 무역을 하는 것은 불가능했다. 그래서 이스라엘은 이웃 아랍국을 뛰어넘어 유럽이나 미국과 교역하는 경제 발전 방식을 채택했다.

리콴유는 이스라엘의 생존 방식을 싱가포르에 적용했다. 말레이시아와 인도네시아 등 주변 국가를 절대 소홀히 대할 수 없지만 그에 머물지 않고 유럽과 미국 등과 직접 교역을 통해 싱가포르를 발전시킨다는 전략이었다. 그러자 싱가포르 내부에서도 이른바 진보 세력과 좌파들이 비난하기 시작했다. 당시에는 제국주의 국가들과 제3세계 간의 착취를 중점적으로 다룬 '종속이론(Dependence Theory)'이 유행하고 있었다. '미국이 남미 국가들을 종속시켜 민중을 착취한다는 논리'가 전 세계적으로 먹혀들던 시기였다. 하지만 리콴유는 전혀 동요하지 않았다. "우리는 눈앞에 닥친 생활 문제를 해결해야 했지 이론이나 교리를 수립할 여유는 없었다." 우선 먹고살 수 있어야 이론도 논할 수 있는 게 아니냐는 뜻이다.

물론 말레이시아나 인도네시아 등 이웃 국가를 뛰어넘어 미국이나 유럽과 경제 관계를 가지려면 전제 조건이 있었는데, 바로 "싱가포르가 바뀌어야 한다"는 것이다. 리콴유는 이를 두고 "제3세계 내에서 제1세계의 오아시스를 창조한다"는 표현을 썼다. 이웃 국가들, 나아가 아시아의 다른 국가야 어떻든 싱가포르를 서구 선진국에 버금갈 정도로 만들어야 미국이나 유럽과 어깨를 나란히 하고 발전할 수 있다는 절박한 인식이었다. 그렇게 하려면 싱가포르의 모든 수준이 선진국과 같아야 했다. 국내 치안이나 보건 수준이 세계 최고여야만 한다. 사회 인프라나 서비스도 최고 수준이 되어야 한다. 또한 제3세계에 둘러싸여 제1세계로 날아오르려면 싱가포르 국민들도 당연히 서구 사회가 요구하는 수준 높은 교양과 자질, 덕목을 갖추어야 한다.

리콴유는 싱가포르의 질적 변화만이 '생존을 위한 단 하나의 원칙'이라고 강조했다. 제3세계에 머물 것이 아니라 더욱 조직화되고 건실해야 하며 더욱 효율적인 나라를 만들어야 한다며 국민들을 이끌기 시작했다. 무엇보다도 '우리는 할 수 있다!'는 자신감부터 국민들에게 불어넣었다. 이를 위해 리콴유가 가장 먼저 한 일은 싱가포르 정부부터 부정부패를 추방하는 것이었다. 리콴유는 플라톤이 얘기한 "지배층의 영혼을 정화하라!"는 것이 싱가포르의 국운을 좌우할 것이라고 믿었다. 정치를 이끌어 가는 계층이 부정부패로 타락하면 곧 멸망이라는 절박한 심정이었다. 그 결과가 바로 초일류 국가 싱가포르의 경쟁력이다. "윗물이 맑아야 아랫물이 맑다!"는 평범한 경구를 실천에 옮겨 성공한 정치 리더십이다.

부패와 전쟁

싱가포르의 상류층이 얼마나 건강한지 예를 들어 보자. 독일 베를린에 본부가 있는 비정부기구(NGO)인 '국제투명성기구(TI)'는 해마다 국가부패지수를 발표한다. 2005년도 조사에서는 아시아에서 싱가포르만이 유일하게 상위권에 올라 있다. 세계 159개국 가운데 아이슬란드가 1위, 싱가포르는 5위, 그리고 미국이 17위다. 일본은 21위, 한국은 그나마 최근에 많이 개선되었다고 해서 40위에 올랐다. 중국은 78위다. 청렴한 정부, 깨끗한 정부가 왜 건강한 국가이며 21세기의 경쟁력인지 알 수 있다.

1959년에 처음으로 싱가포르 자치 정부의 정권을 잡아 총리가 된 리콴유는 취임식장에서부터 '깨끗한 정부, 부패 없는 정부'를 이끌어 가기 시작했다. 그의 총리 취임 사진을 보면 리콴유를 비롯한 각료 전원이 흰색 와이셔츠에 흰색 바지를 입고 있다. 그래도 명색이 정부 출범식인데 연미복은 아니더라도 고급 양복을 차려입을 만했다. 그러나 리콴유는 "청렴과 정직을 상징하기 위해 이런 옷을 입었다"고 그 이유를 회고록에서 밝혔다. 이것이 바로 깨끗한 싱가포르 정부의 변함없는 원칙이 되었다. 싱가포르에서 상류층이 되려면 '깨끗한 영혼'을 가지고 있어야 했다.

리콴유는 "탐욕스럽고 부패하고 타락한 아시아의 지도자들에게 환멸을 느꼈다"고 당시를 회고했다. 식민지 시절 독립 운동할 때는 민중의 편에 섰던 지도자들이 권력을 잡으면 하나같이 국민의 재산을 빼앗고 권력을 차지하기 위해 이성을 잃는 일이 아시아에서 도미노 현상처럼 일어나던 시절이었다. 우리나라 초대 대통령 이승만李承晩도 결국 그 도미노에서 벗어나지 못했다. 리콴유는 다른 국가의 정치 리더십이 타락하는 것을 보면서 교훈을 배운 것이다.

싱가포르 정부는 그래서 처음부터 청렴을 정부 운영의 가장 중요한 구호인 동시에 운영 원칙으로 삼았다. 리콴유는 끊임없이 부패와 전쟁을 해왔고, 법과 제도를 정비했다. 또한 영국 식민지 정부가 1952년에 만든 부패행위조사국(CPIB)을 더욱 강화했다. 뇌물을 시대에 맞게 다시 정의하는 한편, 용의자를 찾아냈을 경우 체포 및 구금, 가족 및 대리인에 대한 광범위한 조사 권한을 CPIB에 주었다. 용의자는 자신의 월급이나 재산으로는 누릴 수 없는 호화 생활을 했거나 수입을 초과하는 돈을 갖고 있을 경우 정당한 출처를 입증하지 못하면 유죄 판결을 받는 관례를 만들었다. 부패를 막기 위한 법과 그 시행령은 더욱 강화되었고, 부정부패로 재산을 모은 증거가 조금이라도 나오면 혐의자의 전 재산을 가차 없이 몰수했다.

아무리 법과 제도가 정비되어도 부정과 부패는 발생하게 마련이다. 1971년에는 경찰기동대원 250명이 트럭 운전기사들로부터 달마다 뇌물 상납을 받은 사건이 일어났다. 싱가포르 전체가 떠들썩할 정도로 집요하게 조사를 해서 철퇴를 가했다.

리콴유의 측근이 비리에 연루된 경우에도 예외가 없었다. 1986년에 리콴유의 가장 가까운 측근으로 국가개발부장관을 맡고 있던 태 치앙완이 대표적 인물이다. CPIB 수사 결과, 과거 두 차례에 걸쳐 40만 싱가포르 달러를 뇌물로 받았다는 사실이 밝혀졌다. 우리나라 돈으로 계산하면 대략 2400만 원 정도의 돈이다. 이 정도 돈이면 우리나라에서는 뇌물 액수로는 그리 크지 않다. 그런데 싱가포르의 법은 엄격했다. 태 치앙완은 총리를 직접 만나 억울함을 호소하고 누명을 벗겠다고 했다. 리콴유는 그가 CPIB의 조사 대상자라는 이유로 면담을 공개적으로 거부했다. 태 치앙완은 아마도 '싱가포르를 제대로 만들기 위해 오랫동안 생사고락을 같이 해왔는데 이런 작은 문제로 나를 벼랑으로 모느냐!'며 인간적인 좌절감을 느꼈던 것 같다. 결국 그는 자살하고 말았다. 리콴유는 결코 냉정함을 잃지 않았다. 태 치앙완이 죽고 나서야 조문자의 자격으로 방문했다.

조문을 간 리콴유에게 태 치앙완의 부인은 시신을 부검하지 말고 고인의 명예를 지켜달라는 마지막 부탁을 했다. 싱가포르 법에 따르면 자연사하지 않은 모든 주검은 반드시 법 절차에 따라 부검을 한다. 그러나 미망인은 싱가포르의 원칙이 그렇더라도 친분을 생각해 시신을 '훼손'하는 것을 총리가 막아줄 것으로 믿었다. 그러나 리콴유는 인간적 의리도 중요하지만 법과 원칙은 훨씬 더 중요하다고 믿고 있었다. 결국 부검을 했고, 더군다나 이 사건에 대한 국정조사가 필요하다는 의회의 요구마저 수락했다. 정당한 법 절차이기 때문이다. 미망인과 가족은 "리콴유가 결국 자신의 남편을 두 번이나 죽였다"는 배신감으로 싱가포르를 영원히 떠나고 말았다. 리콴유는 인간적으로 자신의 가장 가까운 측근과 그 가족을 잃었지만 싱가포르의 원칙은 지켜냈다.

이런 원칙은 자신에게도 예외가 없었다. 1995년에 리콴유 자신이 반부패 혐의로 조사 대상이 되었다. 1990년에 총리직을 사임한 리콴유는 당시 선임장관이라는 직책으로 싱가포르 정부에게 조언을 해주고 있었다. 이때 리콴유의 부인이 대리인 자격으로 주택을 사들였고 아들인 리셴룽 당시 부총리도 주택을 구입했다. 비교적 낮은 가격에 구입했으나 그 뒤 부동산 가격이 급등했다. 이것이 부동산 투기가 아니었느냐는 의혹이 제기된 것이다.

CPIB가 철저하게 조사했으며 결국 무혐의로 결론이 났다. 리콴유 일가의 부패가 아니라 전체 부동산 시장의 문제였다. 그러나 리콴유는 조사가 종결된 뒤 의심을 받았던 부동산 급등에 따른 차익에다 사재를 보태 모두 100만 싱가포르 달러를 사회단체에 기부했다. 노블레스 오블리주의 정신을 직접 보여준 것이다. 리콴유는 조사가 끝난 뒤에 "내가 만든 시스템이나 자신의 행적을 조사하고 그 결과를 상부에 보고할 수 있다는 사실만으로도 싱가포르의 반부패 조사 및 방지 원칙이 잘 운용되고 있는 데 대해 만족한다"는 소감을 밝혔다. 거인의 풍모를 보여준 셈이다.

싱가포르 정부는 부패 구조 자체를 없애기 위한 노력을 계속해왔다. 제도에서 부정부패가 끼어들 소지를 없애겠다는 방침이었다. 우선 부정부패가 선거철을 기점으로 확산될 수 있는 점에 주목해 선거 비용을 줄이고 공영제를 실시하는 방안을 계속 강구해왔다. 이권에 개입할 수 있는 정부 관리의 봉급도 큰 폭으로 현실화하는 조치를 마련했다. 자질에 상응하는 대우를 민간 기업처럼 해주겠다는 것이다. 그래야 부정부패의 유혹에서 벗어날 수 있다고 본 것이다. 리콴유는 "적절한 대우를 해주는 것이 바로 정치가와 고급 공무원의 청렴성 유지에 필수적"이라고 지적해왔다.

불법 노조는 가라

 싱가포르가 정부 출범 때부터 부정부패를 해소하기 위해 필사적인 노력을 했지만 사회 한쪽에는 여전히 결정적 장애 요인이 남아 있었다. 그것은 바로 리콴유의 정치와 정책에 사사건건 반대를 해온 공산 계열의 정치 세력이었다. 사실 공산 세력 입장에서는 연방 가입과 탈퇴라는 리콴유의 정책 실패를 구실 삼아 전세를 만회할 절호의 기회를 잡았지만 제대로 살리지 못했다. 우선 리콴유 정부가 사회주의 전선을 강력하게 탄압한 것도 일조했지만 근본적으로는 공산 계열 스스로 잘못된 선택을 했기 때문이었다.

 그 계기는 인도네시아 공산당 지도부가 1965년 9월 30일에 좌파 계열 군 장교와 함께 시도한 쿠데타였다. 이 사건으로 인도네시아군 고위 장성 7명 가운데 6명이 피살되고 말았다. 암살을 피한 유일한 장성인 수하르토Haji Mohammad Soeharto는 군을 동원해 바로 쿠데타를 진압했다. 특히 당시 대통령 수카르노가 쿠데타 세력과 공모했다는 의심을 받았고, 전국에서 수십만의 공산주의자가 학살당하고 말았다. 특히 수하르토는 쿠데타의 배후로 중국 공산당을 지목하고 화교 문화를 금지하는 대통령령을 발표했다. 이 때문에 유교나 중국어 등이 철저하게 금지되었다. 싱가포르 공산 세력들도 이런 영향을 받아 명분이 약해지자 결국은 의회를 중심으로 한 합법 투쟁을 포기하고 길거리로 나섰는데, 이는 싱가포르 국민들로부터 완전히 외면당하는 결정적 계기가 되었다.

리콴유의 발길을 잡고 있던 또 하나의 문제는 바로 노조였다. 싱가포르 독립 이후 국내에서 가장 심각한 문제는 작은 나라 싱가포르를 마비시킬 정도로 자주 일어나는 노조의 파업이었다. 특히 노조는 공산주의의 영향 아래에 있었기 때문에 불법 파업이 연일 계속되었다. 노조는 나라야 어떻게 되든 그저 스크럼을 짜고 머리에 빨간 띠를 두르고 무력 시위를 벌이면 고용주나 정부가 굴복할 수밖에 없다는 짐을 노렸다.

그 대표적인 사건이 1966년에 일어난 일용노조연맹의 파업이었다. 일용직 노조는 청소부나 건설 현장의 인부 등 그야말로 하루 벌어 하루 먹고사는 계층이 가담한 조직이다. 일용직 노조는 소속 근로자들의 임금을 하루에 1싱가포르 달러씩 일괄적으로 인상하라는 요구를 정부에 내걸었다. 개인적으로 보면 큰일 같지 않지만 갓 독립한 싱가포르 정부 입장에게는 혁명적인 요구였다. 산업이 발전하지 못한 시기라 일용직 노동자들은 약 1만 5000명에 달했다. 당시 싱가포르 인구의 1.5퍼센트에 해당하는 노동자들의 임금을 일괄적으로 올려 달라는 시위였다.

노조 지도자는 K. 수피아라는 인도 출신 노동자였다. 수피아는 비합법적인 파업과 시위를 통해 싱가포르 정부에 맞섰다. 전체 인구의 1.5퍼센트가 파업에 돌입하면 싱가포르가 사실상 마비될 수 있다는 점을 노렸다. 수피아는 싱가포르 정부가 임금 인상에 난색을 표하자 마침내 1966년 10월 18일에 전면 파업이라는 극약 처방을 내렸다.

  리콴유의 싱가포르 정부는 그래도 대화로 문제를 풀려고 최대한 인내를 했다. 그로부터 석 달 동안 지루한 협상이 이어졌지만 불법 파업이 반복되었고, 결국 12월 29일에 일용노조 가운데 2400여 명이 파업에 들어갔다. 나머지 일용노조원들도 동맹 파업을 하겠다고 위협했다. 싱가포르 정부는 노조와 계속해온 협상이 결국 전면 불법 파업으로 파행을 거듭하자 드디어 원칙의 칼을 빼들었다. 리콴유는 '노조도 합법 투쟁을 해야 한다'는 단순하지만 중요한 원칙을 가지고 있었다. 리콴유는 노조가 법을 지키지 않는 한 더 이상 협상은 하지 않을 것을 선언하고 "철저히 법과 원칙을 지키라!"는 추상 같은 지시를 내렸다. 노조 운동이 결국은 싱가포르의 공동선을 파괴하고 있다고 판단한 것이다.

  경찰은 수피아를 비롯한 지도자 14명을 모두 체포했다. 싱가포르 정부는 성명을 통해 파업 참가자들 중 재취업을 원하는 사람들은 24시간 이내에 신청할 경우 취업을 약속하겠지만 그렇지 않을 경우 법에 따라 처리한다는 최후통첩을 내렸다. 이 상황에서 국민들은 리콴유의 입장을 적극 지지했다. 노조의 요구가 비이성적인 데다 시민들의 불편을 담보로 벌이는 불법 투쟁에 신물이 났기 때문이다. 결국 일용노조원들은 대부분 굴복하고 말았다. 더군다나 두 달 뒤에는 싱가포르 최고법원이 수피아가 이끌던 노조의 등록을 아예 취소해버렸다. 리콴유는 불법에는 언제나 원칙을 견지했으며, 법을 어기면 어떤 난관이 오더라도 그냥 넘어가는 법이 없었다.

리콴유는 노조가 추진한 일괄 인상안이 능력주의에 맞지 않는다는 점을 강조했다. 그는 "열등한 노동자를 지키려는 노동조합 운동은 피해야 한다. 모두가 똑같은 임금을 받게 된다면 그 누구도 열등한 노동자보다 열심히 일하려고 하지 않을 것이기 때문이다"라고 강조하기도 했다. 일을 잘하든 못하든, 생산성이 높든 낮든 단체의 힘으로 어물어물 넘어가려는 싱가포르 노조의 행동에 쐐기를 박은 것이었다. 물론 리콴유의 이와 같은 언명 뒤에는 공산 세력을 어떤 방식으로든 무력화하려는 전략이 있었음이 분명하다.

이를 계기로 싱가포르 노동 문제는 방향을 전환했다. 정부나 경영자 그리고 노조원들은 이런 식으로는 노조도 회사도 그리고 국가도 생존할 수 없다는 값진 경험을 한 것이다. 1972년에 마침내 노조 대표, 경영자, 정부 대표로 구성된 국가임금협의회(NWC)가 설립되었다. 모든 노동 현안을 대화로 풀어 나가기 위한 협의체였다.

여기에도 분명한 원칙, 즉 가이드라인이 마련되었다. 임금 인상이 노동 생산성 증가율을 결코 초과해서는 안 된다는 것이다. 돈을 벌어들여야 나눌 수 있다는 것이다. '성장이 먼저냐 분배가 먼저냐'에서 싱가포르는 먹을 게 있어야(성장) 나눌 수 있다(분배)는 점을 국민 모두의 원칙으로 삼았다. 이때부터 싱가포르 노동 문제는 완전히 선진국형으로 탈바꿈했다.

싱가포르 내 공산 세력은 무모한 길거리 투쟁과 비합법 투쟁으로 일관한 끝에 싱가포르 국민들로부터 외면당했다. 정당 조직으로서의 근거를 모두 잃어버리고 만 것이다. 노조 역시 무분별한 투쟁 위주의 전략으로 리콴유의 발목을 잡았지만 강력한 정책과 국민의 외면에 강성 노조는 와해되었다. 이로써 싱가포르는 합리적이고 선진적인 노사 구조를 갖추게 되었다.

클린 & 그린

리콴유 정부는 제3세계에서 제1세계로 들어가기 위한 실험 정책의 하나로 클린 & 그린(Clean & Green Singapore) 정책을 오랫동안 실시해왔다. 리콴유는 회고록에서 "세면대가 부서지고 수도꼭지가 헐겁고 수세식 변기가 제대로 작동하지 않으며, 주변이 황폐해지고 정원이 흐트러졌다는 것은 한 나라가 부패했다는 증거"라고 지적한 바 있다. 국가의 청렴도나 건실함이 환경으로 나타난다는 뜻이다. 이에 따라 싱가포르 정부는 건국 초기에 공공장소에서의 시민 예절부터 녹지 조성, 건물 관리까지 국가가 직접 간섭을 하는 정책을 시행해왔다. 리콴유는 "문명이 개화되고 세련된 사회가 될 수 있는 기반이 없는데도 우리가 가능하면 짧은 시간 안에 그런 사회가 되고자 애쓰는 것이 전혀 부끄럽지 않다"고 강조했다.

정부가 앞장서서 좁은 국토를 완벽한 정원으로 꾸며놓았다. 가로수조차 모두 같은 열대우림 기후대의 나라와는 사뭇 다르다. 칙칙한 정글 분위기가 나는 나무 대신 작은 나뭇잎에 키가

15m를 넘지 않는 나무로 거리를 조성했다. 가로수가 햇볕을 차단하지 않고 통풍도 잘 되도록 고려한 것이다. 이 때문에 과거 세계 3대 미항이 시드니, 나폴리, 리우 데 자네이루였다면 이제 시드니, 싱가포르, 샌프란시스코가 3대 미항으로 꼽히고 있다.

정부가 솔선수범하면 당연히 국민들에게도 같은 요구를 하게 마련이다. 그 결과가 바로 지독한 공공질서 유지 정책이다. 거리에 담배꽁초나 쓰레기를 버리면 500 싱가포르 달러(한화로 약 35만 원 상당)의 벌금을 내는 것은 너무도 잘 알려져 있다. 공공장소에서의 흡연도 엄격히 금지된다. 특히 담배는 금연 캠페인의 일환에서 면세가 없다. 무단 횡단을 해도, 화장실에서 물을 내리지 않아도 벌금을 낸다. 처음에는 모든 사람이 불편하게 생각했지만 습관이 되어 싱가포르는 더욱 쾌적해졌다.

클린 & 그린 정책이 세계인의 관심을 모은 것은 1992년이었다. 당시 싱가포르 정부는 '싱가포르 역 안에서 껌 판매를 중단한다'는 다소 극적인 조치를 취했다. 삽시간에 이 문제는 세계적으로 화제가 되었다. 껌을 사서 씹는 것은 개인의 자유이다. 그런데 씹은 껌을 아무 데나 버리면 결국 환경이나 도시 미관에 오점을 남긴다는 점에서 공공의 문제이기도 하다. 싱가포르는 공공을 위해 개인이 껌을 사서 씹을 수 있는 선택권 자체를 없애 버린 것이다. 많은 나라들은 싱가포르가 국민의 자유를 얼마나 하찮게 여기기에 국민이 껌 씹는 문제까지 관여하느냐고 비난했다.

리콴유는 현직에서 물러나 있었지만 당시 고 총리를 강력히 지지했다. 국민을 초일류로 만들기 위한 조치라는 것이다. 리콴유는 두 가지를 지적했다. 첫째, 정부는 국민을 교육하고 올바른 생활습관을 권고할 의무가 있다. 둘째, 대다수 국민을 설득하는 데 성공하면 반드시 이를 따르지 않으려는 고집 센 소수를 처벌할 법과 제도를 마련할 필요가 있다.

결국 이 문제는 유모 논쟁으로 비화했다. 정부가 국민을 어린아이 다루듯 사사건건 간섭하는 것이 과연 옳은가 하는 논쟁이었다. 리콴유는 이에 대해 "만약 이런 제도를 시행하는 국가가 유모 국가라면 나는 내가 싱가포르를 쭉 길러 온 유모라는 사실을 기꺼이 인정하겠다"고 강력한 자긍심을 갖고 회고록에서 밝히고 있다. 단기간에 제3세계에서 제1세계로 뛰어올라야 했던 싱가포르로서는 충분히 가능한 일이었다.

실리와 원칙, 약소국 외교의 본보기가 되다

 작은 섬나라 싱가포르의 외교 목표는 국가의 생존이다. 지리적으로 말레이시아와 인도네시아라는 거대한 국가 사이에 있기 때문에 자칫 한 번이라도 실수하면 국가가 사라질 수도 있다. 이 때문에 싱가포르의 리콴유는 냉혹한 실용주의를 외교 정책의 기조로 삼았다. 리콴유의 실용주의 외교 정책에는 세 가지 원칙이 있다.
 첫째, 싱가포르는 국가의 이념이나 정체政體에 관계없이 선린 우호 관계를 유지한다. 리콴유는 싱가포르 안에서는 공산주의를 가혹하게 탄압하지만 대외 관계에서는 공산국가라도 전혀 개의치 않았다. 국익에 도움이 된다면 누구하고나 무역하고 거래하는 입장이다. 이 때문에 싱가포르는 이웃이면서 이슬람 정체성을 가진 말레이시아와 인도네시아와의 관계 구축에도 노력하지만 이스라엘과의 관계도 돈독하다.

둘째, 싱가포르는 국제사회에서 그 누구도 믿지 않는다. 싱가포르의 생존은 싱가포르의 손에 달려 있다는 인식이다. 아시아와 아프리카의 신생국 상당수가 미국이나 소련 등 당시 강대국이나 식민통치를 하던 영국 등 제국주의 국가에 의존하던 것과는 전혀 다르다. 이는 곧 특정 블록에 가담하는 것을 거부하는 비동맹 정책으로 나타났다.

셋째, 싱가포르가 지켜야 할 국익이나 원칙이 있다면 어떤 경우에도 결코 포기하지 않고 지켜낸다. 강대국이 싱가포르 입장에 맞지 않는 것을 강요하는 경우에도 어떤 난관이 있어도 원칙을 지켜 낸다는 정신이다. 이 때문에 어떤 강대국도 싱가포르에 대해서는 대단히 조심스러운 입장을 갖게 되었다.

이념과 정체를 뛰어넘는 실용주의 외교

실용주의 외교 정책은 무엇보다 싱가포르의 생존과 깊은 관련이 있다. 생명을 유지하고 먹고사는 문제를 해결하는 것이 가장 우선이라는 사실을 깊이 인식하고 있기 때문이다. 사실 리콴유 입장에서는 분리, 독립 이후 말레이시아와의 관계 재정립에 고심할 필요가 없었다. 말레이시아가 싱가포르를 내쫓았지만 말레이시아는 여전히 싱가포르의 생존에 필수적인 열쇠를 가지고 있었기 때문에 자존심은 접어 두고 말레이시아와의 관계 회복에 모든 힘을 쏟았다.

대표적인 것이 바로 식수 문제이다. 싱가포르섬은 만성적으로 식수가 부족해 말레이시아의 조호르에서 식수를 공급받았다. 역사적으로 싱가포르 주둔 영국군이 말레이시아의 조호르를 점령한 일본군의 식수 공급 중단으로 결국 패했을 정도다. 좋든 싫든 싱가포르 입장에서는 물 문제를 해결하기 위해서라도 말레이시아와 돈독한 관계를 유지해야 했다. 이에 따라 말레이시아는 1961년에 50년 계약, 그리고 이듬해에 100년 계약으로 용수공급협정을 체결했다. 그러나 지금도 여전히 공급 가격이나 계약 조건을 놓고 두 나라 사이의 줄다리기는 계속되고 있다.

싱가포르는 국익 차원의 문제가 생기면 말레이시아와 갈등이 생기는 것도 마다하지 않는다. 대표적인 사례가 인도네시아와의 관계를 재정립한 경우이다. 말레이시아 연방 출범과 함께 원수지간이 된 인도네시아는 말레이시아에 대해 대결 정책을 고수하고 있다. 그러나 싱가포르는 연방에서 탈퇴한 뒤 인도네시아와 교역을 재개할 것을 선언했다. 시장을 확보하기 위해서였다. 말레이시아는 즉각 보복에 나섰다. 은행이나 항공 등 여러 분야에서 싱가포르와의 관계를 큰 폭으로 축소했다. 싱가포르 역시 양측 합의 사항이었던 합동군사위원회에서 탈퇴하는 방식으로 대응했다.

말레이시아가 식수 공급 중단과 같은 극단적인 조치를 할 위험이 있는데도 싱가포르가 인도네시아와의 관계를 그대로 밀어붙인 이유는 냉철하게 계산을 했기 때문이다. 말레이시아의 주요 수출품인 고무, 주석, 팜유가 거의 대부분 싱가포르 항에서 수출되고 있었다. 싱가포르 당국은 식수 공급 중단으로 싱가포르의 목이 졸릴 수도 있지만 그럴 경우 말레이시아가 치러야 할 대가도 국가적 재앙이 될 수 있다는 사실을 정확히 내다보고 있었다.

싱가포르는 수돗물을 말레이시아에 의존하는 상황이 언젠가는 족쇄가 될 수 있다고 보고 대안을 마련하기 위해 적극 나서고 있다. 특히 말레이시아와의 외교 갈등이 자칫 수돗물 공급에 영향을 미칠 수도 있을 뿐만 아니라 건기가 길어질 경우 용수 공급에 근본적 차질이 생길 수 있기 때문이다. 이에 따라 싱가포르 정부는 말라카 해협 건너편에 있는 수마트라의 리아우Riau주로부터 장장 480킬로미터의 해저 파이프라인을 설치하고 있다.

또한 물 문제를 근본적으로 해결하기 위해 가장 깨끗한 물을 수돗물로 정수해 공급하고 있다. 싱가포르는 수돗물을 식수로 사용하는 유일한 동남아 국가이기도 하다. 특히 만성적으로 물이 부족한 곳이라 빗물과 생활하수, 오수와 폐수를 각각 분리하고 정수해 다시 사용하는데, 싱가포르의 정수율은 97퍼센트로 세계 제일을 기록하고 있다.

싱가포르의 국내 정책을 보면 말레이시아의 강경 입장이 완화될 수 있는 지표가 수없이 많았다. 싱가포르는 말레이시아에 투자하는 것을 더욱 장려했다. 또한 말레이시아인들이 싱가포르에서 취업할 기회를 더욱 늘리고 있었다. 결국 말레이시아는 여러 편에서 이익이 되는 싱가포르를 매정하게 내칠 정도의 극단적인 정책을 쓸 수 없었고, 싱가포르는 이를 손바닥 들여다보듯 계산한 뒤 행동에 나섰다.

싱가포르의 이런 전략은 1965년에 분리, 독립 이후 적극적인 비동맹 정책을 추구한 것과도 긴밀한 연관이 있다. 싱가포르는 아시아, 아프리카 국가 중에 강대국에 편향되지 않은 국가들과 적극적으로 교류했다. 당시 미국을 중심으로 한 서방 세력과 소련을 중심으로 한 공산 세력 간의 세계적인 블록화가 진행되었기 때문에 제3세계 국가들 일부가 비동맹 흐름에 가담했다.

신출귀몰한 약소국 외교

리콴유는 이에 대해 "시대의 조류를 따르는 것이 아니라 오로지 국가 이익을 추구하기 위한 정책"이라고 명쾌한 해석을 내렸다. 이들과의 연대를 통해 약소국인 싱가포르가 주변 강국들로부터 내정간섭과 주권 침해를 받지 않으려는 적극적인 외교 정책의 일환이었다.

본래 강대국에 둘러싸인 약소국의 외교 정책은 대체로 이들 강대국 중 특정 국가에 더 많은 비중을 두거나 혹은 의지하지 않은 채 대결 구도 속에서 더욱 많은 자율성을 확보하는 것이 보편적이다. 리콴유의 외교는 철저하게 이런 측면을 고려 했다.

싱가포르와 중국의 관계에서 리콴유의 입장이 가장 선명하게 드러났다. 사실 싱가포르는 '말레이인의 바다에 뜬 중국인의 섬'이라고 할 정도로 화교 중심 국가이다. 그러나 리콴유는 오히려 이 때문에 중국 정부와의 관계에 일정한 선을 그었으며, 어떤 경우에도 싱가포르가 또 다른 중국으로 인식되는 것을 아주 경계했다. 그렇게 될 경우 늘 중국이나 화교 문제로 고심해 온 말레이시아와 인도네시아와의 관계가 악화되기 때문이다.

싱가포르 정부는 동남아시아국가연합(ASEAN) 가맹국 가운데에서도 중국과의 외교 관계를 가장 늦게 수립하기로 결정했다. 결국 1978년 7월에 양국 수교가 이루어졌다. 수교 후 4개월 만인 11월에 덩샤오핑(鄧小平)이 중국 부총리 자격으로 싱가포르를 방문했을 때에도 리콴유의 입장을 연설을 통해 명확히 전했다. 싱가포르는 중국인의 나라가 아니라 자주성과 독자성을 가진 독립국가이며, 화교의 중심지가 아니라는 인식을 주변국에게 아주 분명하고도 단호하게 밝혔다.

싱가포르와 타이완의 관계도 이런 맥락에서 긴밀하게 연결된다. 물론 싱가포르 입장에서는 중국을 자극하면서까지 타이완과의 관계를 정치적으로 개선하려고 시도하지 않았지만 경제 부문에서는 긴밀한 관계를 모색해 왔다. 이를 위해 타이완 민간 사절단이 싱가포르 국내에서 활동하도록 허용했다. 또 교역이 계속 증가하고, 싱가포르인이 빈번하게 타이완을 방문하게 되자 1970년에 타이완에 싱가포르 영사관을 설치했다. 싱가포르는 국익을 위해 어느 국가와의 관계에서도 한쪽으로 치우치지 않도록 조심하며 이를 외교 정책의 근간으로 삼고 있다.

중국과 타이완 사이에서 실리를 추구하는 싱가포르 외교는 리콴유식 실용주의 외교의 극치라고까지 불리고 있다. 리센룽 총리가 취임한 2004년에도 싱가포르 외교가 빛을 발한 장면이 있다. 2004년 7월 10일, 리센룽 당시 부총리는 총리 취임을 한 달여 앞두고 개인 자격으로 타이완을 방문했다. 그해 3월 타이완 독립 주장자인 천수이볜 총통이 재선된 뒤 중국과 타이완 간의 양안 관계가 점점 악화되고 있었다. 중국은 공식, 비공식 경로를 통해 리센룽 부총리가 타이완을 방문하는 것에 대해 경고의 목소리를 높였다. 정작 리센룽 부총리가 타이완 방문을 감행하자 중국은 "중국의 국익은 물론 중국과 싱가포르 양국 관계에 절대적 손해를 끼친 행위"라며 강력히 비난하면서 중국 고위 인사의 싱가포르 방문 계획을 모두 취소해버렸다.

리센룽 부총리가 타이완을 방문한 이유는 싱가포르의 국익이 걸려 있는 문제가 있었기 때문이다. 국토가 좁은 싱가포르는 군대를 훈련시킬 수 있는 지역을 집중 물색해왔는데 타이완이 가장 적당했다. 실전에 버금가는 훈련을 싱가포르 안에서 도저히 실시할 수 없었기 때문에 군이 훈련할 장소야말로 싱가포르 군대의 사활이 걸린 문제였다. 그런 만큼 중국이 당연히 반발할 것을 예상하고도 타이완행을 감행했던 것이다.

8월 12일에 리센룽이 총리에 취임하자 중국을 누그러뜨리기 위해 전방위적 외교를 가동하기 시작했다. 8월 22일이 중국의 개혁과 개방을 이끈 덩샤오핑의 탄생 100주년이어서 중국에서는 각종 기념행사가 다채롭게 마련되고 있었다. 먼저 리콴유가 아들을 대신해 먼저 나서서 1989년의 톈안먼(天安門) 사태를 옹호하는 발언을 했다. 군과 탱크까지 동원해 톈안먼 광장의 민주화 시위자들을 유혈 진압한 사건은 덩샤오핑의 일생에서 가장 오점으로 남은 사건이다. 그런데 리콴유는 한걸음 더 나아가 "만약 내가 덩샤오핑이었다면, 나 역시 중국의 백년대계를 위해 당시 학생 시위를 강제 진압했을 것"이라고 하며 중국 지도부에 강력한 메시지를 보냈다.

이어 리센룽 신임 총리도 공식 연설을 통해 "개인 자격으로 타이완을 방문해서 중국과 갈등을 빚게 된 것에 대해 유감스럽게 생각한다"며 화해를 청했다. 그리고 "타이완의 독립은 결코 문제 해결에 도움이 되지 않는다"며 천수이볜 총통의 노선을 강하게 경고하는 발언을 덧붙였다. 리 총리는 특히 "타이완이 독립을 향해 나아가더라도 싱가포르는 결코 타이완을 독립국가로 인정하지 않을 것"이라고 말하며, "만약 중국과 타이완 사이에 전쟁이 벌어지더라도 결코 타이완 편을 들지 않겠다"고 천명했다. 또 중국이 늘 내세워 온 '하나의 중국' 원칙을 전폭적으로 지지한다는 입장도 명확하게 밝혀 두었다.

싱가포르가 계속 저자세로 일관하자 사흘 뒤인 8월 25일에 중국은 외교부 대변인을 통해 "싱가포르의 새 지도자가 싱가포르는 '하나의 중국' 원칙을 견지하고 타이완 독립에 단호히 반대한다고 거듭 밝힌 사실을 주목한다"는 성명을 발표함으로써 이 사건을 공식 마무리했다. 싱가포르는 타이완으로부터 군사 훈련 장소를 제공받는 데 성공했으며 동시에 중국과의 관계도 다시 유지할 수 있었다. 리콴유식 실용주의 외교의 본질을 정확히 보여준 사건이었다.

기본 원칙은 국가적 희생을 치르더라도 지킨다

싱가포르는 이처럼 실용주의 노선을 취하며 국가의 이데올로기나 정체성에 관계없이 선린 관계를 모색했다. 하지만 국가 안전에 위해가 되거나 내정간섭일 경우에는 어떤 국가적 희생을 치르더라도 과감하게 대응한다는 명확한 원칙을 가지고 있다. 이런 사안일수록 아무리 강대국이 전쟁을 할 수 있다고 위협해도 싱가포르는 끝까지 이에 저항하는 전통을 가지고 있다. 이 때문에 싱가포르는 작은 나라이지만 국제무대에서 강대국보다 더 큰 목소리를 낼 정도로 외교계의 큰손이기도 하다.

그 선례가 된 사건이 바로 인도네시아군 난동 사건이다. 싱가포르가 말레이시아 연방에 가입한 이후인 1964년에 인도네시아 해군 특수부대요원 2명이 싱가포르에 있는 홍콩상하이은행(HSBC)에 들어와 폭탄을 터뜨리며 난동을 부렸다. 이때 싱가포르 시민 3명이 살해되고 말았다. 재판은 무려 4년을 끌었고 1968년 10월에 싱가포르 대법원은 마침내 사형을 최종 확정 판결했다.

그러자 인도네시아가 갖은 회유와 협박을 하기 시작했다. 당시 인도네시아 대통령 수하르토는 쿠데타로 집권한 지 2년 밖에 안 되었고, 군인 출신인 데다 다혈질이어서 두려운 게 없었다. "큰 나라의 군인들이 아무리 사람을 죽였기로서니 한 주먹거리도 안 되는 작은 나라가 감히 사형을 선고해?"라는 것이 인도네시아의 분위기였다. 수하르토는 보좌관을 싱가포르에 급파했다. 인도네시아 대통령 보좌관이 싱가포르에 와서 싱가포르 대통령을 만나 사형을 집행하지 말고 무기징역으로 감형하라고 노골적으로 요구할 정도로 인도네시아의 행동은 오만불손했다.

리콴유는 정부 차원의 대책회의를 열었지만 주저하지 않았다. 사형 판단은 정부의 입장이 아니라 대법원의 최종적인 결정이었고, 싱가포르 정부는 대법원의 판결을 존중하는 것이 원칙이라는 것이다. 물론 내부에서 이번에 양보한다면 강대국 인도네시아는 기회 있을 때마다 싱가포르 내정에 '배 놔라, 감 놔라!' 할 것이라는 강경론도 작용했다.

가장 심각한 문제는 인도네시아 군부의 움직임이었다. 아예 쿠데타로 국정을 농단하고 있던 인도네시아 군부가 무력 공격을 감행할 가능성을 배제할 수 없는 상황이었고, 경우에 따라선 맨몸으로 침공에 맞설 수밖에 없었다. 믿을 구석이라고는 영국군이 아직 잔류하고 있다는 사실뿐이었다.

그러나 리콴유는 굴복하지 않았다. 그는 회고록에서 "영국군

철수 이후에는 인도네시아나 말레이시아 같은 이웃 국가들이 무슨 일을 저질러도 아무 처벌도 받지 않고 쉽사리 우리를 무시하려 들 것"이라고 생각했다고 한다. 위기 상황이기는 하지만 원칙을 지켜야 결국 싱가포르가 생존할 수 있다는 결론을 내린 것이다. 수하르토가 간절하게 부탁했지만 1968년 10월 17일에 마침내 인도네시아군 범법자 2명의 사형을 집행했다.

리콴유가 예상한 것 이상으로 인도네시아는 난폭한 반응을 보였다. 인도네시아의 수도인 자카르타 주재 싱가포르 대사관에는 수많은 인도네시아 군중이 난입해 난동을 부렸다. 인도네시아 경찰이 막긴 했으나 형식적이었고 오히려 군중이 난입하는 것을 방조했다. 인도네시아 군부의 움직임도 노골적이었다. 사형 집행 직후 싱가포르와 가까운 리아우섬 영해 안에서 갑자기 인도네시아군의 합동 기동 훈련을 시작했다. 여차하면 싱가포르 상륙 작전을 펴서 조그만 섬을 초토화하겠다는 무력 시위였다.

더군다나 사형당한 군인의 소속 부대 책임자인 해군사령관은 "싱가포르 침공 작전을 시행하기 위한 특수부대를 직접 지휘하겠다"며 노골적으로 침략 의사를 밝혔다. 이뿐만이 아니었다. 인도네시아 정부는 싱가포르와의 무역을 크게 줄여 경제적으로 싱가포르의 숨통을 죄기 시작했다.

이런 사면초가의 어려움 속에서도 리콴유는 자신의 원칙을 그대로 지켰다. 현실적으로는 영국군의 존재가 싱가포르에 남은 한줄기 희망이었지만, 더 중요한 것은 리콴유를 비롯한 싱가포르 지도자들의 결연한 의지였다. 인도네시아는 막상 위협과 협박을 하긴 했지만 침공할 여건이 되지 않았다. 명분도 없을 뿐만 아니라 영국군의 존재도 부담스러웠던 것이다. 그들이 가장 무서워한 것은 리콴유 정부가 초지일관으로 원칙을 지키는 태도였다. 비록 작은 나라의 지도자이지만 리콴유의 명백한 태도와 원칙 중시를 인도네시아가 알아차렸고 상황을 확대하는 것이 결코 득이 될 수 없다는 사실을 깨달은 것이다.

1988년에는 미국과 외교관을 서로 추방하는 극적인 사태가 벌어지기도 했다. 당시 대통령 선거에는 싱가포르 변호사협회 회장인 프랜시스 서Francis Seow가 야당 후보로 출마했다. 그런데 미국이 그에게 싱가포르 주재 대사관 1등 서기관 핸드릭슨E.M. Hendrickson을 통해 정치자금을 전달했다는 사실이 문제가 되었다. 싱가포르 정부는 선거 직전 서 회장을 국내안전법 위반 혐의로 구속했으며, 핸드릭슨 서기관을 국내 정치를 간섭했다는 이유로 추방함으로써 싱가포르와 미국 간에 외교 전쟁으로 비화했다. 프랜시스 서는 이 선거에서 근소한 차이로 인민행동당후보에게 패했고 무려 72일 동안 재판을 받지 않은 채 구금되어 있었다.

나중에 프랜시스 서는 결국 미국으로 망명했다. 그는 싱가포르의 민주화를 추진해 온 인물이다. 프랜시스 서는 1994년에 펴낸 자서전 『*To Catch a Tartar: A Dissident in Lee Kuan Yew's prison*』에서 구금 기간 동안 잠을 재우지 않는 등의 고문을 당했다고 주장하기도 했다. 리콴유 정부의 민주 인사 탄압

문제는 여전히 불씨로 남아 있지만 싱가포르는 내정간섭을 하면 미국이라는 강대국과도 정색을 하고 맞서 싸울 수 있다는 점을 확실하게 보여준 사건이었다.

싱가포르의 안전을 위해서는 그 누구든 싱가포르 국내법에 따라 처벌을 받으며, 혹 그 조치가 전 세계의 비난을 받더라도 싱가포르 정부는 이에 절대 굴복하지 않고 있다. 1993년에 마이클 페이Michael Fay라는 미국 청년이 싱가포르에 와서 장난삼아 20여 대의 민간 차량에 페인트 스프레이를 뿌리고 교통 표지판 등 공공 기물을 훼손했다. 그는 즉각 경찰에 체포되었다. 싱가포르 법원은 페이에게 징역형과 함께 태형笞刑으로 곤장 여섯 대를 선고했다. 그러자 미국 정부가 발끈했다. 이 사건으로 전 세계에서 싱가포르 형행 제도의 비민주성과 인권침해에 대해 문제 제기를 했다. 특히 미국 정부는 이를 막기 위해 엄청난 압력을 행사했다. 그러나 싱가포르 정부나 법원은 이를 전혀 고려하지 않았고 결국 형을 집행했다.

싱가포르의 제도가 문제가 된 사건이 2002년에도 일어났다. 바로 마약을 반입하다 싱가포르에서 체포된 베트남계 호주인 응우옌 뜨엉 반 사건이다. 그는 쌍둥이 동생의 치료비를 마련하기 위해 처음이자 마지막으로 한 건 하기 위해 베트남에서 마약을 반입해 호주로 가려고 했다. 그런데 싱가포르 창이공항에서 비행기를 갈아타다 싱가포르 당국에 적발되었다. 결국 3년간의 재판 끝에 2005년에 사형이 확정되었다.

그러자 전 세계 인권단체가 싱가포르의 법체계를 비난하고 나섰다. 존 하워드John Howard 호주 총리마저 대국의 자존심을 팽개친 채 리센룽 총리에게 무려 다섯 차례나 전화를 걸어 응우옌의 구명을 요청했을 정도였다. 그러나 싱가포르는 눈도 깜짝하지 않았다. 여론에 밀려 원칙을 양보하면 자칫 싱가포르가 마약의 통로가 될지 모른다는 이유 때문이었다. 결국 2005년 12월에 뜨엉 반의 사형이 집행되었다.

싱가포르의 원칙에 어긋나면 어떤 압력과도 타협하지 않는다는 것이 싱가포르의 일관된 외교 정책이다. 때로는 실용주의를 앞세우지만 원칙에 어긋나면 사력을 다해 지켜내는 것이 바로 작은 거인 싱가포르의 또 다른 힘이라고 할 수 있다.

싱가포르 경제, 거침없이 달리다

 좁디좁은 국토에 자원도 고급 인력도 거의 없었던 싱가포르는 이제 세계 경제의 중심지로 우뚝 서 있다. 무역이 국내 총생산의 3배를 훨씬 넘는다. 게다가 외국인 투자가 총 국내 투자의 70퍼센트를 차지한다. 싱가포르에 진출해 있는 다국적 기업은 무려 6000여 개가 넘는다.

 싱가포르의 항구와 공항은 세계 최고의 서비스를 제공하는 세계적 물류 허브이다. 런던, 뉴욕, 홍콩, 도쿄와 더불어 싱가포르는 세계 5위의 외환 시장이다. 역외 금융 시장, 자본 시장, 선물 시장도 탄탄해 명실 공히 금융 중심지이다. 그러다보니 웬만한 국제 금융기관은 싱가포르에 지사나 지점이 있다. 싱가포르에는 또한 쉘Shell, 영국석유(BP), 에소Esso, 칼텍스Caltex

등이 진출해 있다. 싱가포르는 세계 3대 정유 산업 대국이다.

싱가포르는 1990년대 전자제품 생산 기지, 물류 허브를 넘어 2000년대에는 연구개발(R&D) 센터의 허브로 도약하는 등 21세기형 지식 기반 산업의 중심지로 방향 전환을 모색하고 있다. 세계 최고의 정보통신(IT) 중심 국가를 건립한다는 원대한 목표를 세운 것이다. 그 방법은 바로 첨단 기술을 보유한 다국적 기업을 유치해서 싱가포르에서 세계 최고의 하이테크 기술이 나오도록 하는 것이다

여기에는 아시아의 교육 허브 그리고 의료 허브로 도약한다는 목표도 포함된다. 그 시도가 바로 싱가포르의 높은 의료 수준과 전통적인 관광을 결합한 의료 관광(medical tourism)이다. 이미 싱가포르는 이 부문의 선두 주자다. 싱가포르 관광청 자료를 보면, 2000년에 의료 관광객 1만 7,000명이 싱가포르에서 모두 4억 3,000만 달러(GDP의 0.25퍼센트)를 썼다. 싱가포르 정부는 2012년에는 그 10배인 100만 명을 끌어 오는 야심찬 프로젝트를 진행 중이다. 이렇게 되면 GDP의 1.1퍼센트인 30억 달러의 돈을 벌어들이는 한편, 모두 1만3000여 개의 새로운 일자리 창출도 가능할 것이라는 게 싱가포르 정부의 예상이다.

싱가포르는 이처럼 어려움이 닥칠 때마다 끈질긴 자생력과 노력, 그리고 새로운 전망을 통해 한 단계씩 앞서 나가고 있다. 한국이 주춤하고 있는 사이 싱가포르의 경제는 거침없이 도약을 모색하고 있다. 싱가포르 경제의 발전은 결국 리콴유가 뿌리내린 싱가포르식 경제 발전의 당연한 결과이다. 리콴

유는 주식회사 싱가포르의 최고경영자(CEO)로 발전의 초석을 다듬었다.

리콴유 경제 정책의 특징은 대외적으로는 완전 개방 체제를 만들어 해외 자본 유치에 국운을 걸었다는 점이다. 해외 자본을 끌어들이기 위해 싱가포르 시스템을 바꾸어 왔다고 해도 과언이 아니다. 국민 경제를 활성화하는 것을 포기하고 해외 자본 유치에 모든 것을 건 이유는 싱가포르의 특수한 상황 때문이다.

완전한 대외 개방 체제

싱가포르가 1965년에 말레이시아 연방에서 떨어져 나와 독자 생존을 모색할 때만 해도 수입을 대체하는 국내 산업 육성에 관심을 가졌다. 당시 한국이나 타이완 등 신생 독립국 대부분이 추구한 경제 정책 모델이다. 이렇다 할 생산 기반이 없으니 먼저 수입품의 국내 생산 기반 마련에 초점을 두게 된다. 이를 기반으로 기술력을 함양하고 자본을 축적함으로써 다시 수출에 나서는 수출 주도형 공업화로 전환하는 것이 일반적인 공식이다. 당연히 국내 산업을 보호하기 위해 수입을 통제하는 보호무역 정책을 실시한다.

그런데 싱가포르는 완전한 대외 개방으로 선회했다. 물론 싱가포르도 1961년 공업개발 5개년 계획을 시작할 때만 해도 기존의 모델을 적용했으나 곧 한계에 부딪혔다. 인구 100만

명만으로 내수 중심의 경제 성장을 하는 것이 결정적으로 장애 요인이었다. 리콴유가 말레이시아 연방에 가입한 경제적 이유는 사실 말레이시아라는 거대 시장을 선점하려는 의도였지만 연방 탈퇴로 무산되고 말았다. 따라서 리콴유는 국민 경제를 활성화하는 것을 완전히 포기하는 대신 대대적인 체질 개선을 통해 외국 자본을 끌어들이는 전략을 구사했다.

해외 자본을 끌어들이기 위해 필요한 것은 싱가포르를 거기에 걸맞게 변화시키는 것이었다. 그 중심이 바로 정부를 비롯한 관료 조직이었다. 부존자원이 없는 열악한 현실에서 강력하고 실천력 있는 인재를 중심으로 한 관료 조직이야말로 대외 개방 체제를 지탱할 수 있는 특공대인 셈이었다.

싱가포르 정부의 목적은 간단하고 명료했다. 바로 세계에서 가장 기업하기 좋은 나라로 만들어 외국 기업을 끌어들이는 것이다. 싱가포르 공무원들은 처음부터 철저하게 경제 마인드로 무장했고, 정부 조직 스스로 기업 지원을 위한 원스톱 서비스로 무장했다. 리콴유가 싱가포르의 최고경영자였다면 전략기획실 역할은 바로 경제개발청(EDB)이 맡았다. EDB는 제1차 공업개발 계획(1961~1964)을 추진하게 되면서 1961년 8월에 설립되었다.

공무원의 기본 정신은 비즈니스 마인드

EDB는 싱가포르의 경제 기적을 이끌어 온 대표 선수이다.

싱가포르 정부 관리들은 싱가포르의 국제 경쟁력에 대해 "경제 마인드로 구축된 정부와 비즈니스를 위한 공무원 조직이 우리의 강점이다"라고 스스럼없이 말할 정도다. 정부의 모든 정책을 기업에 도움이 되도록 만들었기 때문이다.

이를 위해 싱가포르는 미국이나 유럽을 능가하는 제1세계로 변신해야 했다. 싱가포르라는 국가를 다국적 기업이 진출하기에 가장 좋은 조건을 구축한 나라로 만들어야 했기 때문이다. 정부 조직은 세계에서 가장 청렴하고 투명할 뿐만 아니라 합리적이다. 또한 각종 범죄에 대해 엄벌 정책을 시행해 철통 같은 치안을 유지하는 것도 싱가포르의 경쟁력이다.

정부가 똘똘 뭉쳐 외국 기업 유치에 강력한 인센티브를 제공했다. 제조업의 경우 관세를 3퍼센트까지 내렸으며, 법인세는 40퍼센트에서 4퍼센트까지 낮췄다. 수입 설비에 대해서는 아예 수입세조차 면제해 주었다. 싱가포르 경제의 빨간불이었던 노조 운동을 완전히 와해시킨 것도 마찬가지이다. 특히 국가가 임금 인상에 직접 개입하는 국가임금위원회(NWC)를 1972년에 출범시켜 임금 인상이 생산성을 절대 앞지를 수 없도록 하는 가이드라인을 만든 것도 해외 자본을 끌어들이기 위한 정책이었다.

따라서 상당수 싱가포르 기업이 해외 자본의 소유가 되었고, 기업 성격도 내수보다는 수출을 지향하게 되었다. 이른바 다국적 기업이 싱가포르에 속속 들어와 기업을 운영하면서 자연스레 제1세계를 지향하는 싱가포르의 거대한 전망이 현실화되었다. 다국적 기업은 성격상 다른 동남아 국가들과 교역하기보다는 미국이나 유럽과의 거래에 운명을 걸고 있었기 때문이다.

싱가포르 정부는 경제 발전에 따른 인플레이션을 막기 위해 통화 공급을 엄격히 규제하는 등 보수적인 재정 정책으로 일관성을 유지했다. 이 때문에 빠르게 경제 성장을 이루었는데도 물가를 안정적으로 틀어잡는 등 두 마리 토끼를 잡는 데 성공했다. 1965년부터 1973년까지 연평균 국민총생산 증가율이 12.7퍼센트에 달하는 초고속 성장을 이룩해 제1세계의 기반을 다질 수 있었다.

전 세계를 경제 위기에 몰아넣은 제1차 석유 위기가 극에 달했던 1973년부터 6년간의 어려운 시기에도 싱가포르의 연평균 성장률은 8.78퍼센트였다. 이는 다른 국가와 비교할 때 괄목할 만한 성장이었다. 1979년 제2차 석유 위기가 들이닥쳤지만 싱가포르는 거의 영향을 받지 않을 정도로 탄탄한 경제 구조를 만들어 갔다. 1979년에서 1981년까지 싱가포르 연평균 경제성장률은 8.5퍼센트에 달했다.

게다가 싱가포르는 기존의 생산 산업과 수출 산업에 더해 세계의 금융 및 서비스 중심 국가로 도약하기 시작했다. 특히 이 기간에 싱가포르의 정유 관련 산업이 빠르게 발전해서 전 세계가 싱가포르를 마치 산유국으로 인식할 정도였다. 물론 싱가포르에도 경제 위기 요인이 적지 않았지만 시장에 신속히 반응하는 기업 마인드로 무장한 싱가포르 정부가 철저히 차단

할 수 있었다.

싱가포르가 단순한 무역·생산 거점에서 국제 금융과 물류 및 서비스 부문의 허브로 성장한 가장 큰 동력 중의 하나는 바로 영어가 싱가포르의 공용어가 되었기 때문이기도 하다. 리콴유는 국제적인 무역 거점으로서 싱가포르를 살리고 제1세계에 다가가기 위해서는 영어를 공용어로 해야 한다고 생각했고 이를 밀어붙였다.

그간 영어와 더불어 말레이시아어, 중국어, 타밀어 등이 공용어 역할을 해왔으나 당시의 국제사회에서 영어를 제외한 다른 언어는 통용이 불가능한 언어였다. 특히 군대에서 공용어는 시급히 해결해야 할 과제였다. 출신 민족이 다르면 의사소통이 어렵다는 점도 적극 고려되었다. 물론 영어를 공용어로 하는 데에는 반대가 적지 않았지만, 리콴유는 싱가포르 국민은 모두 영어와 자신의 모국어를 완벽하게 구사할 필요가 있다고 설득했다. 영어 공용화는 다국적 기업이나 세계 유수의 기업을 싱가포르에 유치하고 세계 물류, 항공의 허브가 되는 결정적인 인프라가 되었다.

승승장구하던 싱가포르 경제도 1980년대 중반에는 어려움을 겪었다. 1979년 제1차 석유 위기 이후 미국 경제가 침체된 데다 고부가가치 산업을 창출하기 위해 임금 인상을 허용해 온 것이 누적되어, 싱가포르도 마침내 1985년과 1986년 두 해에 걸쳐 마이너스 성장을 기록했다.

국제 비즈니스 센터 싱가포르

어려운 상황이 되면 새로운 전망을 통해 재도약을 모색하는 리콴유의 탁월한 리더십이 빛을 발했다. 리콴유는 국가경제위원회를 설치해 문제를 해결할 방안을 모색하도록 했다. 국가경제위원회는 정부에 제출한 최종 보고서에서 제조업 중심에서 전자 통신, 정보 기술, 생명 공학, 의약, 광학 등 부가가치 산업에 정부 지원을 크게 늘릴 것을 권고했다. 해운, 항공, 통신 등과 함께 의료 서비스, 출판, 농업기술 서비스, 창고업, 유통업, 컴퓨터 분야, 교육 분야 등에 외자를 유치하기 위해 더욱 노력해야 한다는 지적도 나왔다.

싱가포르 정부는 이 보고서를 토대로 경제 운용의 틀을 다시 짜기 시작했다. 그것은 바로 은행, 금융, 운수, 통신 분야 및 제반 경영 서비스 기능과 제조업 부문이 통합된 생산 거점뿐만 아니라 제품 개발, 마케팅, 유통 및 제반 경영 관련 서비스와 자금 관리 기능에 이르기까지 모든 국제 비즈니스 센터로서의 기능을 고루 갖춘 거점으로 싱가포르를 육성한다는 계획이었다.

이에 따라 싱가포르를 지역 총괄 본부로 이용하려는 다국적 기업들에 대해 세제상의 각종 우대 조치를 해주었다. 싱가포르의 항만, 공항, 창고, 통신망 등을 이용해 부품 조달 업무를 하려는 다국적 기업을 위해 국제 조달사무소의 역할과 기능을 극대화할 수 있는 우대 조치도 제공하기 시작했다.

정부의 경제 운용 방식이 변화하면서 1987년부터 싱가포르 경제는 서서히 회복되었고 산업 구조조정에 탄력이 붙기 시작했다. 리콴유는 싱가포르 경제의 기초를 마련하게 되자 1991년 2월에 마침내 국민에게 약속한 대로 고척동에게 총리 자리를 넘겼다. 고 총리는 리콴유 밑에서 15년 동안 혹독한 후계자 수업을 받으며 국정 운영의 비법을 전수받은 노련한 인물이었다.

고척동 총리는 리콴유의 후계자답게 싱가포르 경제를 진일보시켰다. 그의 경제 운용 원칙은 기술집약저 산업 육성과 서비스 부문 발전에 중점을 두고 국제 비즈니스 센터로서 싱가포르의 기능과 역할을 제고하는 데에 집중했다. 이를 통해 전통 제조업과 함께 서비스업이 싱가포르 경제의 새로운 성장 동력으로 날개를 펴기 시작했다. 고척동 총리 시절 싱가포르는 동남아 국제 비지니스의 중심으로 도약했고, 금융과 서비스 부문에서는 세계 최고의 수준에 접근하게 되었다.

고척동 총리 후반기에 싱가포르 경제에 새로운 시련이 닥쳐오기 시작했다. 1997년에 시작된 아시아 외환 위기는 한국에서도 전대미문의 파장을 불러 일으켰지만, 싱가포르에도 직접적인 타격을 주었다. 2001년에 9.11테러가 일어난 데 이어 2003년에 인도네시아의 휴양지 발리섬에서 폭탄 테러가 일어나는 등 주변 여건이 경제 운용에 부담이 되기 시작했다.

더군다나 말레이시아, 인도네시아, 태국 등 주변 나라들이 싱가포르의 독주에 강력한 경쟁자로 등장하기 시작했다. 말레이시아는 항만 시설을 높은 수준으로 끌어올린 데다가 가격 경쟁을 통해 전통의 싱가포르 해운 사업을 잠식하기 시작했다. 싱가포르의 강세가 지속될 것으로 확실하게 믿었던 금융 허브도 불안해지기 시작했다. 중국 반환 이후 주춤했던 홍콩의 강력한 드라이브에다 중국 상하이마저 강력한 경쟁자로 부상했다. 특히 21세기에는 세계 경제가 중국과 인도를 중심으로 재편될 것이라는 전망이 속속 나오던 시점이었기 때문에 싱가포르도 이를 의식하지 않을 수 없었다. 중국은 2040년 무렵이 되면 미국의 경제 수준과 맞먹을 정도로 성장해 세계 경제의 5분의 1을 차지할 것이며, 인도도 2030년 무렵이 되면 일본을 추월하고 2050년 쯤 되면 유럽과 대등해진다는 전망이 나오기 시작했다.

2003년 부총리 겸 재무장관인 리센룽이 이듬해 총리 취임을 앞두고 싱가포르의 경제 재도약을 위한 21세기 청사진인 '국가정책보고서'를 내놓은 것도 리콴유 이래 경제 운영의 전통이었다. 리센룽은 이 난국을 타개하기 위해 2018년까지 아시아 및 세계 경제의 허브에서 세계 일류 도시로 도약한다는 '아젠다 비전 2018'을 국내외에 천명했다. 그 핵심은 싱가포르를 세계 일류 기업의 연구개발(R&D)센터로 운용하면서 중국과 인도를 생산 기지로 활용하자는 내용이었다.

이를 위해 과거보다 훨씬 더 진취적인 기업가 정신이 필요하며, 또한 기업의 구조조정이 불가피하다는 입장을 밝혔다. 근로자의 근무 여건이 과거보다 더 악화될 수도 있지만 국가 발전을 위해서 그 정도의 희생은 감수해야 한다며 '허리띠를

다 같이 졸라매자!'고 국민에게 호소했다.

리센룽은 취임 이후 제조업을 전자·화학·생의학·나노공학 등 4개의 고부가가치 사업으로 집중 육성하고, 서비스업은 교육과 의료 등으로 사업 영역을 확대했다. 싱가포르의 미래 제조업은 R&D에 집중하며, 생산은 중국과 인도를 중심으로 이루어지고 있다. 또한 허브로서의 기능을 더욱 강화하기 위해 미국과 EU, 일본과의 자유무역협정을 적극 체결하고, 지역적으로는 아세안과의 경제 통합에 전력을 기울이고 있다. 또 비행 거리 7시간 이내에 있는 인도와 동북아시아, 호주 등을 배후 지역으로 하는 허브로서의 위치도 공고히 하고 있다.

세부적으로는 국가의 기업가 정신을 강화해 투자를 유치하고 제조업 부문과 서비스 부문을 함께 발전시키는 정책을 유지하고 있다. 이를 위해 싱가포르는 법인세와 소득세율을 25퍼센트에서 20퍼센트로 낮추고, 기업에 부담이 되고 있는 CPF(중앙적립기금)를 개선했다. 각종 인프라에서도 혁신적인 개혁을 추진하고 있다. 통신, 항구에서의 각종 서비스, 전력, 산업용 토지 등의 사용료를 경쟁력 있는 수준으로 낮추고 있다. 물론 세계 최고의 인재 육성 정책 역시 더욱 강조된 형태로 나타나고 있다.

싱가포르 리더십의 특징은 직설적이고 단호하다는 것이다. 리센룽 총리는 국민들에게 "근로자들이 지금껏 겪어보지 못한 실업의 고통을 당할 수도 있다. 정부의 재정 형편도 어려워 질 것이다. 저성장으로 세입 증가율은 둔화될 것이다. 과거에는 별로 어렵지 않았던 재정 부문의 흑자 유지가 앞으로는 쉽지 않을 것으로 보인다"고 말하며 더욱 분발해 이 위기를 극복해 나가자고 호소했다.

리콴유 리더십의 전통은 경제 위기 때마다 지도자가 먼저 솔선수범하는 것이다. 이것은 싱가포르가 어려울 때마다 고비를 넘기고 한 단계 더 성숙하는 계기가 되었다. 리셴룽이 총리에 취임한 2004년에 싱가포르는 8.7퍼센트, 2005년의 6.4퍼센트에 이어 2006년에는 7.5퍼센트에 이르는 높은 경제 성장률을 기록했다.

그러나 싱가포르의 지도자들은 만족하고 멈추어 서는 법이 없다. 리셴룽은 2006년 8월에 한 연설에서 "폭풍우가 다시 몰아칠 때를 미리 대비해 여건이 좋고 태양이 빛나고 있을 때 최대한 더 빨리 그리고 더 많이 성장해야 된다"고 강조했다. 2007년 2월에 싱가포르가 제1세계의 하층부에는 올라왔으나 10~20년 안에 세계 최상층부로 올라가야 한다고 리콴유가 역설한 것도 같은 맥락이다.

국민에게 한 발 앞서 전망을 제시하고 발전을 위한 구체적 전략을 제시하면서 국민과 함께 국가를 발전시키는 리더십이야말로 아무것도 없는 상태에서 세계 초일류 경제를 만들어 낸 리콴유 리더십의 특성이다. 그러기에 국민들은 싱가포르의 앞날에 대해 결코 부정적으로 생각하지 않는다. 오히려 그들은 실제로 위기가 닥친다 해도 고통이 아니라 창조와 변혁을 위한 통과의례로 당당히 받아들일 태세가 되어 있다.

에필로그

리콴유는 인종적으로는 중국계로 분류할 수 있지만 영국 식민지 시절 싱가포르에서 성장했기 때문에 영국 문화의 영향을 많이 받아 사실은 서양 사람에 가깝다. 집안에서 쓰는 말이 영어였고, 중국어는 성장한 뒤에야 배운 제2외국어이다. 그는 영국계 학교에서 초급 교육을 받았고 영국의 명문 케임브리지 대학에서 유학한 뒤 영국 변호사 자격을 취득했다. 그의 겉모습은 중국인이지만 서양인의 사고방식을 가지고 있다.

그러나 리콴유의 정치 철학은 '아시아적 가치'로 요약할 수 있다. 그가 총리직에서 물러난 뒤 1994년에 국제정치 전문지 「포린 어페어즈 Foreign Affairs」와의 인터뷰에서 이 견해를 조심스럽게 밝혔다. 동양과 서양은 근본적으로 문화가 다르며 이는 숙명적인 요소라는 것이다. 서양 문화에서 주류로 인정되는 것을 다른 문화에서 그대로 적용하는 것을 중지해야 한다는 주장이었다. 서양의 보편 가치인 민주주의나 인권을 동양이 일방적으로 받아들일 수 없다는 의미다.

아시아적 가치와 싱가포르

리콴유는 그 사례로 동양의 가족 문화를 들었다. 서양 문화에서는 사회질서를 유지하는 기능이 정부의 역할로 넘어갔지만 아시아에서는 이 기능을 여전히 가족이 하고 있다는 것이다. 따라서 국가의 개념도 서양과는 달리 동양에서는 확대된 가족의 면모가 강하다는 의미다. 싱가포르가 얼핏 가부장적인 데다 국민의 개인 생활까지 사사건건 개입하는 것도 결국은 가족이라는 아시아적 가치가 투영된 것이라는 설명이다.

리콴유의 이런 입장은 싱가포르의 권위주의 체제나 독재 그리고 인권 침해에 대해 계속 문제 제기를 하는 것에 대한 반론으로 이해되었다. 당연히 그의 '아시아적 가치'는 상당한 논쟁을 유발했고, 지금까지도 찬반양론으로 나뉘어 명확히 시비를 가리지 못했다. 리콴유를 반대하는 자들은 '아시아적 가치'가 단순히 민주주의를 거부하고 싱가포르의 독특한 정치 체제를 합리화하려는 시도라고 비난한다.

리콴유가 만들어 낸 싱가포르는 분명 국가 자체가 마치 가부장적인 어른과 그 구성원으로 이루어진 가족 같은 모습이다. 리콴유와 그의 후계자들인 고척동, 리센룽으로 이어지는 싱가포르 리더십은 예외 없이 나라의 어른으로 맡은 역할을 빈틈없이 수행해 왔다. 위기가 닥칠 때마다 가족을 단결시키고 보호하기 위해 노력했다. 또한 말을 잘 듣지 않는 자식은 냉정하게 혼내는 모습을 어김없이 보여주기도 했다. 현직을 떠났음에도 리콴유가 여전히 싱가포르의 어른으로써 어김없이 훈수를 두고 있는 것도 마찬가지다.

정치 현실은 참으로 냉정하다. 한때 국민의 절대적 지지를 받은 정치인이 국민의 원성에 못 이겨 역사의 뒤편으로 사라진 경우가 너무도 많았다. 경제 성장은 민주화에 대한 욕구를 잉태하게 마련이다. 한국의 경제 성장은 질적 성장의 토대를 만들었고 결과적으로 민주화로 귀결되었다.

리콴유가 이끈 싱가포르는 벌써 국민소득 3만 달러를 넘어 세계 초일류 국가로 진입했다. 싱가포르의 교육제도는 세계에서 손꼽힐 정도로 우수하며 국민들의 역량도 마찬가지이다. 리콴유가 여전히 국민들에게 큰 존경을 받고 있고, 그 후계자들이 여전히 역동적인 리더십을 발휘해 국민을 이끌어 가고 있는 것은 우리에게 몇 가지 점을 알려 준다. 리콴유의 권력 행사는 독재적이라고 말할 수 있지만 그 정당성은 국가 이익을 추구하는 것이었다. 단순히 자신의 권력을 유지한다거나 국민 위에 군림하기 위한 것이 아니었다. 정치를 얘기할 때 금과옥조처럼 말하는 것이 바로 권불십년이다. 권력이 결코 10년을 넘어가지 않는다는 금언이다. 그럼에도 리콴유가

1959년부터 1991년까지 권력을 유지했고, 여전히 싱가포르의 국부로서 정치의 장에 깊이 관여하고 있다는 것은 권력 행사가 그만큼 정당하며 이를 싱가포르 국민이 절대적으로 지지하고 있다는 것을 증명한다.

시대를 앞서가는 변화의 리더십

리콴유 리더십은 시대를 앞서가는 변화의 리더십이다. 대체로 권력을 장악하면 권력 유지에 더 신경을 쓰게 되는 것이 일반적이다. 권력을 유지하기 위해 시대 흐름을 소홀히 하거나 외면하기도 한다. 그러나 리콴유와 그 후계자들은 그 누구보다도 앞장서서 변화를 견인한 주인공들이다. 위기가 닥칠 가능성이 있을 때마다 앞서서 국민들을 설득하고 '변하지 않으면 생존조차 불가능하다'며 이끌고 나아갔다. 이것이 바로 작은 섬 싱가포르가 생존을 넘어 초일류 국가로 쉴 새 없이 달려온 비결이다. 이 때문에 싱가포르 국민들도 스스로 변화의 주인공이 되기를 원하며 새로운 사회를 만들어 나가기 위한 고통은 분담할 각오가 되어 있다.

리콴유 리더십은 유연한 실용주의이면서도 확고한 원칙을 견지한다. 국제사회에서 국가 이익을 추구하는 유일한 원칙이 바로 실용주의이다. 이념이나 종교 그리고 정치 체제에 관계없이 모든 국가와 선린 관계를 유지하려 한다. 그러나 국가 이익에 위배되거나 싱가포르가 가진 자존의 원칙에 반대될 경우 국가적 희생을 치르더라도 그 가치를 지켜내려 했다. 이 때문에 싱가포르는 국제사회에서 그 누구보다도 큰 목소리를 내왔다.

리콴유 리더십은 전망의 리더십이었다. 시대를 앞서 내다보고 싱가포르 국민이 가야 할 길을 정확히 예측했고 그런 전통은 그 후계자들에게 고스란히 전해졌다. 1965년에 리콴유가 '제3세계에서 제1세계를 창조한다'는 전망을 제시했을 때 그 누구도 그 꿈이 이루어질 것으로 생각하지 않았다. 그러나 리콴유는 이를 현실로 만들기 위해 싱가포르를 완전한 대외 개방 체제로 전환했다.

해외 자본을 유치하기 위해서는 싱가포르가 변해야 했는데 이를 위해 리콴유는 한 치의 오차도 없는 리더십을 발휘해왔다. 해외 기업이 들어올 여건을 만들기 위해서는 싱가포르의 모든 요소들 – 국민의 문화 수준, 환경, 교육, 언어 – 을 국제화해야 했다. 심지어 '클린 & 그린 싱가포르'라는 구호까지 내세워 정원의 풀 한 포기, 가로수 한 그루까지도 정성을 기울여 가꾸었다.

물론 이를 달성하기 위해 가혹한 형행 제도를 시행해 '벌금 공화국'이라는 비아냥까지 들었지만 리콴유는 개의치 않았다. 리콴유의 리더십은 한번 원칙을 세우면 어떤 장애가 있어도 마침내 이루어낸다는 집념의 리더십이었다.

경제 정책에서도 제조업 중심의 발전이 한계에 부딪히자 금융, 교육, 의료 등 서비스 허브로 발전할 전망을 제시해 강력한 드라이브를 걸었다. 또 21세기 들어 말레이시아나 인도네시아, 그리고 태국이 강력한 경쟁자로 부상하고, 세계 경제의 주역으로 중국과 인도가 떠오르자 첨단 기술 연구개발(R&D) 허브로서의 싱가포르를 내세워 새로운 도약을 준비하고 있는 것도 바로 리더십의 가장 큰 덕목이라고 할 수 있다.

또한 리콴유 리더십은 인재 양성에 사활을 걸었다. 부존자원이 없는 싱가포르는 이 문제를 인재 양성으로 해결해왔다. 그 결과가 바로 정부 경쟁력 세계 1위라는 사실로 증명되었다. 리콴유를 비롯한 역대 싱가포르 지도자들은 한결같이 인재 구하기에 모든 역량을 집중해왔다. 또한 국내에서 구할 수 없다면 다른 나라에서 구하겠다는 신념으로 임했다. 지금도 싱가포르 정부의 인재 찾기는 글로벌 차원에서 진행되고 있다.

리콴유는 스스로 '아시아적 가치'를 주창하기도 했지만, 인재 등용에 관한한 서구의 경영 이론을 뛰어넘는 파격으로 일관했다. 정부의 중앙부처 국장에 20~30대가 즐비한 것은 오래전 얘기다. 심지어 연공서열이나 명령 체계가 생명인 군부의 참모총장급 지도자 중에는 기존의 상식을 뛰어넘어 40대 전후의 지휘관이 수두룩하다.

리콴유의 리더십은 노블레스 오블리주의 원칙에 철저하다. 대표적인 것이 바로 부정부패와의 전쟁이다. 부패에 연루되면 지위고하를 막론하고 엄하게 다루고 있다. 또한 권력자나 관료들의 특권도 직무에 따른 개인에게만 허용된다. 리콴유는 총리 시절에도 전용기를 이용한 적이 거의 없을 정도였다. 지금도 싱가포르 공연장에는 고위 관료들을 위한 특별석이 있지만 철저히 관료들에게만 개방되며 가족은 일반석으로 가야 한다. 리콴유 총리 재직 시절에 그의 부모도 보통 사람들과 똑같이 늘 일반석을 이용했다는 것은 싱가포르에서는 전혀 이상한 일이 아니었다.

리콴유의 리더십은 철저한 능력주의와 업적주의를 기반으로 하고 있다. 리콴유가 불법 노조와 투쟁을 전개할 때 "열등한 노동자를 지키려는 노동조합 운동은 피해야 한다. 모두가 똑같은 임금을 받게 된다면 그 누구도 열등한 노동자보다 열심히 일하려고 하지 않을 것이기 때문이다"라고까지 강조했다. 사람은 누구나 능력에 걸맞은 대우를 받아야 한다는 것이 리콴유 리더십의 일관된 원칙이었다.

싱가포르 교육제도는 철저히 능력주의와 업적주의에 따라 운영된다. 능력이 있으면 있는 대로, 없으면 없는 대로 가능한 일찍 걸러 내 국가 차원에서 적성에 맞는 일자리를 찾아주도록 하고 있다. 군대의 지휘관이나 공무원도 능력이 없으면 진급할 수 없는 것이 원칙이다.

심지어 2004년에 리콴유의 아들 리셴룽이 아버지의 뒤를 이어 최고 권력자의 자리에 올랐을 때에도 싱가포르 국민들은 능력주의 검증 구조에 대해 무한히 신뢰했다. 리콴유의 아들이기 때문이 아니라 능력과 자질로 봐서 충분히 총리가 될 자격이 있다고 믿었던 것이다. 리셴룽은 취임 이후 경제를 고도로 성장시킴으로써 싱가포르 국민의 판단이 옳았음을 증명하고 있다.

리콴유는 역대 세계 지도자 중에 가장 오랜 기간 집권한 인물 중 한 사람이다. 퇴임한 뒤에도 리콴유만큼 여전히 국민의 사랑을 받고 있는 지도자는 드물다. 리콴유의 리더십을 완벽하게 평가할 만한 시간은 아직 지나지 않았지만, 적어도 리콴유가 갖고 있는 싱가포르 국민에 대한 열정과 진정성은 확인되었다고 할 수 있다. 키신저의 지적대로 리콴유는 "인물이 시대를 만드느냐? 혹은 시대가 인물을 만드느냐'라는 오래된 논쟁에서 인물이 시대를 만든 아주 드문 사례로 오랫동안 기록될 것이다.

참고문헌

리콴유, 류지호 옮김, 『리콴유 자서전 *The Singapore Story: Memoirs of Lee Kuan Yew*』, 문학사상사, 1999.

리콴유, 류지호 옮김, 『내가 걸어온 일류 국가의 길 *From Third World to First: The Singapore Story 1965~2000*』, 문학사상사, 2001.

양승윤 외, 『싱가포르: 동남아의 선진 복지국가』(개정판), 한국외국어대학교 출판부, 2004.

Francis T. Seow, *To Catch a Tartar: A Dissident in Lee Kuan Yew's Prison*, Yale Center for International and Area Studies, 1994.

Han Fook Kwang, Warren Fernandez, Sumiko Tan, *Lee Kuan Yew: the Man and His Ideas*, Prentice-Hall, 2000.

Josey, Alex, *Lee Kuan Yew-The Crucial Years*, Times Books International, 1980.

Kishore Mahbubani, *Can Asians Think?*, Key Porter Books, 2001.

Michael D. Barr, *Lee Kuan Yew: The Beliefs Behind the Man*, Georgetown University Press. 2000.

Minchin, James., *No Man is an Island. A Study of Singapore's Lee Kuan Yew*, Allen & Unwin, 1986.

리콴유 작지만 강한 싱가포르 건설을 위해

펴낸날	초판 1쇄 2007년 9월 1일
	초판 5쇄 2018년 3월 13일

지은이	김성진
펴낸이	심만수
펴낸곳	(주)살림출판사
출판등록	1989년 11월 1일 제9-210호

주소	경기도 파주시 광인사길 30
전화	031-955-1350 　팩스　031-624-1356
홈페이지	http://www.sallimbooks.com
이메일	book@sallimbooks.com

ISBN	978-89-522-0700-5　04080
	978-89-522-0096-9　04080(세트)

※ 값은 뒤표지에 있습니다.
※ 잘못 만들어진 책은 구입하신 서점에서 바꾸어 드립니다.

함께 읽으면 좋은 책

종교 · 신화 · 인류학

384 삼위일체론

eBook

유해무(고려신학대학교 교수)

기독교에서 믿는 하나님은 어떤 존재일까? 성부 하나님과 성자 예수, 그리고 성령이 계시며, 이분들이 한 하나님임을 이야기하는 삼위일체론은 기독교 교회가 믿고 고백하는 핵심 교리다. 신구약 성경에 이 교리가 어떻게 나타나 있으며, 초기 기독교 교회의 예배와 의식에서 어떻게 구현되었고, 2천 년 동안의 교회 역사를 통해 어떤 도전과 변화를 겪으며 정식화되었는지를 일목요연하게 정리했다.

315 달마와 그 제자들

eBook

우봉규(소설가)

동아시아 불교의 특징은 선(禪)이다. 그리고 선 전통의 터를 닦은 이가 달마와 그에서 이어지는 여섯 조사들이다. 이 책은 달마, 혜가, 승찬, 도신, 홍인, 혜능으로 이어지는 선승들의 이야기를 통해 선불교의 기본사상을 이해하도록 돕는다.

041 한국교회의 역사

eBook

서정민(연세대 신학과 교수)

국내 전체인구의 25%를 점하고 있는 기독교. 하지만 우리는 한국 기독교의 역사에 대해서 너무나 무지하다. 이 책은 한국에 기독교가 처음 소개되던 당시의 수용과 갈등의 역사, 일제의 점령과 3·1운동 그리고 6·25 전쟁 등 굵직굵직한 한국사에서의 기독교의 역할과 저항, 한국 기독교가 분열되고 성장해 왔던 과정 등을 소개한다.

067 현대 신학 이야기

eBook

박만(부산장신대 신학과 교수)

이 책은 현대 신학의 대표적인 학자들과 최근의 신학계의 흐름을 해설한다. 20세기 전반기의 대표적인 신학자인 칼 바르트와 폴 틸리히, 디트리히 본회퍼, 그리고 현대 신학의 중요한 흐름인 해방신학과 과정신학 및 생태계 신학 등이 지닌 의미와 한계가 무엇인지를 친절하게 소개하고 있다.

종교·신화·인류학

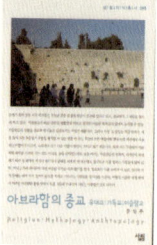

099 아브라함의 종교 유대교|기독교|이슬람교 `eBook`

공일주(요르단대 현대언어과 교수)

이 책은 유대교, 이슬람교, 기독교가 아브라함이라는 동일한 뿌리에서 갈라져 나왔다는 점에 주목한다. 저자는 이를 추적함으로써 각각의 종교를 그리고 그 종교에서 나온 정치적, 역사적 흐름을 설명한다. 이스라엘과 팔레스타인으로 대변되는 다툼의 중심에는 신이 아브라함에게 그 땅을 주겠다는 약속이 있음을 명쾌하게 밝히고 있다.

221 종교개혁 이야기 `eBook`

이성덕(배재대 복지신학과 교수)

종교개혁은 단지 교회사적인 사건이 아닌, 유럽의 종교·사회·정치적 지형도를 바꾸어 놓은 사건이다. 이 책은 16세기 극렬한 투쟁 속에서 생겨난 개신교와 로마 카톨릭 간의 분열을 그 당시 치열한 삶을 살았던 개혁가들의 투쟁을 통해 보여 주고 있다. 마르틴 루터, 츠빙글리, 칼빈으로 이어지는 종파적 대립과 종교전쟁의 역사들이 한 편의 소설처럼 펼쳐진다.

263 기독교의 교파

남병두(침례신학대학교 교수)

하나의 교회가 역사적으로 어떻게 다양한 교파로 발전해왔는지를 한눈에 보여주는 책. 교회의 시작과 이단의 출현, 신앙 논쟁과 이를 둘러싼 갈등 등이 파노라마처럼 펼쳐진다. 사도행전에 나타난 교회의 시작과 이단의 출현에서부터 초기 교회의 분열, 로마가톨릭과 동방정교회의 분열, 16세기 종교개혁을 지나 18세기의 감리교와 성결운동까지 두루 살펴본다.

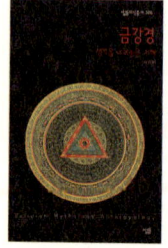

386 금강경

곽철환(동국대 인도철학과 졸업)

『금강경』은 대한불교조계종이 근본 경전으로 삼는 소의경전(所依經典)이다. 『금강경』의 핵심은 지혜의 완성이다. 즉 마음에 각인된 고착 관념이 허물어져 어디에도 집착하지 않는 상태를 말한다. 이 책은 구마라집의 『금상반야바라밀경』을 저본으로 삼아 해설했으며, 기존 번역의 문제점까지 일일이 지적해 독자들의 이해를 돕고자 했다.

종교·신화·인류학

013 인도신화의 계보 eBook

류경희(서울대 강사)

살아 있는 신화의 보고인 인도 신들의 계보와 특성, 신화 속에 담긴 사상과 가치관, 인도인의 세계관을 쉽게 설명한 책. 우주와 인간의 관계에 대한 일원론적 이해, 우주와 인간 삶의 순환적 시간관, 사회와 우주의 유기적 질서체계를 유지하려는 경향과 생태주의적 삶의 태도 등이 소개된다.

309 인도 불교사 붓다에서 암베드카르까지 eBook

김미숙(동국대 강사)

가우타마 붓다와 그로부터 시작된 인도 불교의 역사를 흥미롭고도 일목요연하게 정리한 책. 붓다가 출가해서, 그를 따르는 무리들이 생겨나고, 붓다가 생애를 마친 후 그 말씀을 보존하기 위해 경전을 만드는 등의 이야기들이 한눈에 들어온다. 또한 최근 인도에서 다시 불고 있는 불교의 바람에 대해 소개한다.

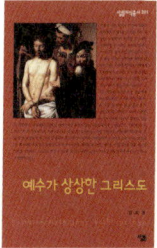

281 예수가 상상한 그리스도

김호경(서울장신대학교 교수)

예수가 그리스도라는 것은 어떤 의미인가? 이 책은 신앙적 고백과 백과사전적 지식 사이에서 현재 예수 그리스도가 가진 의미를 묻고 있다. 저자는 이러한 문제의식을 바탕으로 예수가 보여준 질서와 가치가 우리와 얼마나 다른지, 그를 따르는 것이 왜 우리에게 익숙하지 않은 일인지를 보여주고 있다.

346 왜 그 음식은 먹지 않을까 eBook

정한진(창원전문대 식품조리과 교수)

세계에는 수많은 금기음식들이 있다. 유대인과 이슬람교도들은 돼지고기를 먹지 않고, 힌두교도의 대부분은 소고기를 먹지 않는다. 개고기 식용에 관해서도 말들이 많다. 그들은 왜 그 음식들을 먹지 않는 것일까? 음식 금기 현상에 접근하는 다양한 방식을 통해 그 유래와 문화적 배경을 살펴보자.

종교·신화·인류학

`eBook` 표시가 되어있는 도서는 전자책으로 구매가 가능합니다.

- 011 위대한 어머니 여신 | 장영란 `eBook`
- 012 변신이야기 | 김선자
- 013 인도신화의 계보 | 류경희 `eBook`
- 014 축제인류학 | 류정아 `eBook`
- 029 성스러움과 폭력 | 류성민 `eBook`
- 030 성상 파괴주의와 성상 옹호주의 | 진형준 `eBook`
- 031 UFO학 | 성시정 `eBook`
- 040 M. 엘리아데 | 정진홍 `eBook`
- 041 한국교회의 역사 | 서정민 `eBook`
- 042 야웨와 바알 | 김남일 `eBook`
- 066 수도원의 역사 | 최형걸 `eBook`
- 067 현대 신학 이야기 | 박만 `eBook`
- 068 요가 | 류경희 `eBook`
- 099 아브라함의 종교 | 공일주 `eBook`
- 141 말리노프스키의 문화인류학 | 김용환
- 218 고대 근동의 신화와 종교 | 강성열 `eBook`
- 219 신비주의 | 금인숙 `eBook`
- 221 종교개혁 이야기 | 이성덕 `eBook`
- 257 불교의 선악론 | 안옥선
- 263 기독교의 교파 | 남병두
- 264 플로티노스 | 조규홍
- 265 아우구스티누스 | 박경숙
- 266 안셀무스 | 김영철
- 267 중국 종교의 역사 | 박종우
- 268 인도의 신화와 종교 | 정광흠
- 280 모건의 가족 인류학 | 김용환
- 281 예수가 상상한 그리스도 | 김호경
- 309 인도 불교사 | 김미숙 `eBook`
- 310 아힌사 | 이정호
- 311 인도의 경전들 | 이재숙 `eBook`
- 315 달마와 그 제자들 | 우봉규 `eBook`
- 316 화두와 좌선 | 김호귀 `eBook`
- 327 원효 | 김원명
- 346 왜 그 음식은 먹지 않을까 | 정한진
- 377 바울 | 김호경 `eBook`
- 383 페르시아의 종교 | 유흥태
- 384 삼위일체론 | 유해무 `eBook`
- 386 금강경 | 곽철환
- 452 경허와 그 제자들 | 우봉규 `eBook`
- 500 결혼 | 남정욱 `eBook`

(주)살림출판사
www.sallimbooks.com
주소 경기도 파주시 문발동 522-1 | 전화 031-955-1350 | 팩스 031-955-1355